中国「新語・流行語」小辞典

読んでわかる超大国の人と社会

郭雅坤＋内海達志

明石書店

はじめに

　中国には「超日」という言葉がある。文字通り「日本を超える」という意味で、2007年にGDP（国内総生産）でドイツを抜いて世界第3位に浮上した直後から使われ出した言葉だ。しかし、2010年には中国は日本を抜いて世界第2の経済大国となり、「超日」はわずか3年ほどで死語となる運命をたどった。さらに、2020年には中国のGDPは米国を抜いて世界一になることが予測されており、そこに至るまでには「超日」に代わる「超美」（米国は中国語では美国）という新語が出現し、期待を込めて人びとに使われるようになるだろう。

　中国は米国債を中心とする外貨準備高では、とうの昔に日本を抜いて世界一。その資金力を背景に、国際社会のなかでも絶大な影響力をもつに至っている。車の製造・販売では、長年、自動車王国として世界に君臨した米国をも追い抜き、世界トップの座についた。工業技術の高度化にともないリニアモーターカーや新幹線、ジャンボ機も自前で製造し、いまや月面着陸まで計画している中国。先端科学やハイテク分野での人材育成には多額の予算を割き、モノとカネに次ぎ、ずば抜けて優秀な人材を輩出しようとしている。間もなく人民元が国際通貨になり、中国語が世界の公用語になる日もきそうな勢いである。

この中国の高度成長は、鄧小平の改革開放政策によってもたらされたものだが、鄧小平政権初期の1980年から現在までの30年間に中国のGDPは80倍にも達し、そのあとに経済成長の一層の加速を呼びかけたいわゆる「南巡講話」の1992年との比較でも15倍以上になった。しかし一方では、こうした急成長は社会のしくみや人びとの価値観にも大きな変化を引き起こし、繁栄の陰では水質・大気の汚染が進み、貧富の格差が拡大、拝金主義が横行するようにもなった。

こうして生まれた新たな現象は、それを端的に表す言葉となって人口に膾炙《かいしゃ》する。経済成長にともない中国には多くの富裕層が生まれ、いまやその2代目の「富二代」や、ブランド品で身を包む「辣奢族」、富を誇示する「炫富」が幅をきかせる一方で、住宅ローンの返済に追われる「房奴」や、高学歴を誇りながらフリーター生活を余儀なくされている「蟻族」が巷にあふれている。経済成長を下支えしているのは模範的モーレツ社員である「過労模」、一方で楽して儲けようとファンドに投資する「基民」や株式投資に走る「股民」の数は日本の比ではない。中国株が急騰していた2007年には、ファンドや株式取引口座が1日で60万件以上開設されるということが、しばらく続いたことがある。急速に普及しているパソコンや携帯電話に関わる「網恋」「網聊」「拇指族」「伊妹児」「紅客」(第5章参照)などは、若者以外知らない中国人も多いに違いないが、着実に浸透してきている現象だ。まさに、発生した現象の数だけ新たな言葉も生まれている。

本書では、まだ辞書には載っていないものの、新たに登場し広く定着してきた「新語」に注目し、政治、経済、文化、社会など、あらゆる側面での中国の最新動向、中国が今後歩んでいくだろう方向、そして社会全体を動かしているエネルギーの源を垣間見ることを試みた。そこには政治的、経済的指向性から庶民のしたたかな生活の知恵も示されているが、同時に発展の陰で引き起こされている弊害や矛盾、さらには変化の荒波にもまれてしまった人びとの悲哀も数多く含まれている。

本書で掲載した「新語」はすべて北京在住の郭《かく》雅《が》坤《こん》が選んだものである。郭は400語以上の単語を取り上げ、日本語で解説した。本書出版にあたり、内海達志がそのなかから約200単語を抽出し、より日本人に親しみやすいものにするために加筆修正した。ふたりとも私が2004年まで編集長を務めた中国情報紙の記者兼編集者だった。その後、それぞれの道を歩み、内海は東京と北海道を往復する生活、郭は中国に帰国、私は独立した。2009年に5年ぶりで郭に再会した折り、本書の企画が持ち上がった。

世相を表す「新語」を知ることは、直接中国に関わるビジネスをしている方々や中国語を学習されている方々にとって大事であることは論を俟たないが、今後さらに重要性を増す日中関係のなかで、より多くの日本人にとってもありのままの中国を知る上でもっとも有効な手段だといえる。本書が、現代中国の実態と、今後の中国の行方を知る上で読者のお役に立てれば幸いである。

アジア総合通信社編集長　中田 勝美

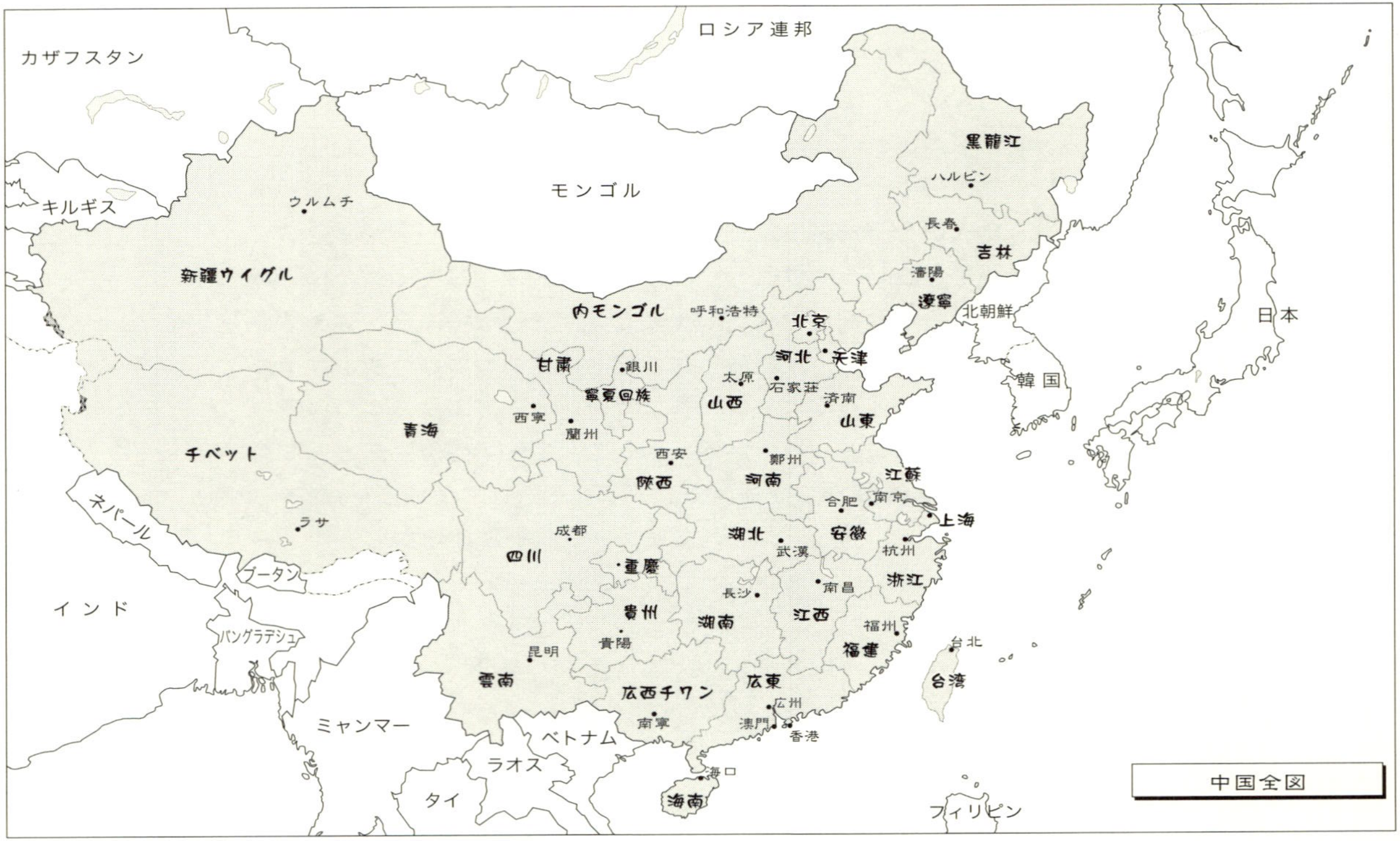

中国全図
カザフスタン
ロシア連邦
キルギス
モンゴル
新疆ウイグル
ウルムチ
内モンゴル
呼和浩特
黒龍江
ハルビン
吉林
長春
遼寧
瀋陽
北朝鮮
日本
韓国
北京
天津
河北
石家荘
山西
太原
甘粛
銀川
寧夏回族
西寧
蘭州
青海
チベット
ラサ
山東
済南
河南
鄭州
陝西
西安
江蘇
南京
上海
合肥
安徽
湖北
武漢
杭州
浙江
四川
成都
重慶
貴州
貴陽
湖南
長沙
江西
南昌
福州
福建
台北
台湾
雲南
昆明
広西チワン
南寧
広東
広州
澳門
香港
海口
海南
ネパール
ブータン
インド
バングラデシュ
ミャンマー
ベトナム
ラオス
タイ
フィリピン

中国「新語・流行語」小辞典

――読んでわかる超大国の人と社会

目次

はじめに　3

第1章　格差広がる中国社会の光と影　11
蟻族〈高学歴のワーキングプア〉／富二代〈成金二世〉／留守人口〈出稼ぎ者の留守家族〉／蝸居〈ウサギ小屋〉／白骨精〈エリート女性〉／灰領〈グレーカラー〉／ほか7語

第2章　さまよえる就職・住宅難民　29
房奴〈住宅ローン返済に苦しむ人びと〉／炒房〈不動産の転売〉／洋漂族〈外国人労働者〉／裁員〈リストラ〉／小時工〈パート労働者〉／ほか6語

第3章　新時代のさまざまな愛のかたち　43
裸婚〈ジミ婚〉／剰女〈婚期を逸した女性〉／婚活〈結婚相手を探す行動〉／人造美女〈整形美女〉／花心〈浮気〉／半糖夫妻〈週末婚カップル〉／ほか15語

第4章　中国社会の闇と病巣　67
「三非外国人」〈3つの法を犯している外国人〉／傍名牌〈有名ブランドまがいのコピー商品〉／買官〈官位を買うこと〉／楼歪歪〈手抜きによる欠陥建築〉／水貨〈ニセモノ〉／ほか15語

第5章　ＩＴの進化と頽廃　89
網絡成癮症〈ネット中毒〉／網絡新貴〈ネットで儲けた人〉／雷人〈強い驚きをあらわす〉／伊妹児〈Ｅメール〉／紅客〈中国人ハッカー〉／ほか18語

第6章　進む環境汚染、高まるエコ意識　115
桑拿天〈猛暑〉／砂塵暴〈春の砂嵐〉／緑色食品〈無公害食品〉／節能住宅〈省エネ住宅〉／低炭生活〈二酸化炭素削減をめざす生活〉／ほか8語

第7章　新時代、新ビジネスの表と裏　129
過労模〈働き過ぎの模範的労働者〉／臥艙式旅店〈カプセルホテル〉／人材租賃〈人材派遣〉／海帰派〈学問や技術を身につけ海外からもどった留学生や技術者〉／双贏〈ウインウイン〉／竜頭〈リーダーシップ〉／ほか15語

第8章　過熱する投資ブームの功罪　151
套牢股〈塩漬け株〉／基民〈ファンドに投資する人〉／救市〈市場救済〉／ほか2語

第9章　高齢化社会と若者文化あれこれ　157
托老所〈老人ホーム〉／宅男〈オタク〉／哈日族〈日本の流行が好きな人びと〉／齦老族〈親のすねをかじる子ども〉／ほか12語
第10章　観光・レジャー大国となった中国　175
出境遊〈海外旅行〉／和諧号〈高速列車〉／紅色資源〈革命に由来する観光資源〉／主題公園〈テーマパーク〉／ほか4語
第11章　新しいライフスタイルと文化　187
排隊日〈マナーを守って列に並ぶ日〉／血拼〈ショッピング〉／快餐〈ファストフード〉／熬点〈おでん〉／八卦新聞〈ゴシップ報道〉／炒作〈ブームを作る〉／ほか15語
おわりに　211
索引（日本語読み）　222
索引（中国語読み）　229

第1章

格差広がる中国社会の光と影

豊かさの対義語は貧しさ。しかし、その比率はアンバランスなのが常であり、13億の人口を構成するピラミッドの土台が富裕層という社会はあり得ない。昨今、金満中国人の豪奢な暮らしぶりが注目されているが、豊かになりすぎた人びとの存在は、皮肉にも、豊かさとは無縁の人びとの貧しさをいっそう際立たせることとなった。日本社会も格差の拡大が叫ばれて久しい。しかし、中国の場合、国土の広さに比して、富裕層と貧困層の差はすさまじく、日本の格差とはかなりの〈格差〉がある。

〈カタツムリの家〉でも「住めば都」?(「蝸居」より、提供:中新社)

蚁族《イーズゥ》(yǐ zú)

蟻族《ありぞく》

高学歴のワーキングプア

高学歴を誇りながら条件のいい仕事に就《つ》けず、低収入に喘《あえ》ぎ、大都市近郊の狭い部屋に寄り集まって暮らす若者の集団を意味する。

都会での成功を夢見て上京したものの、挫折して「蟻族」となるしかない農村出身者が増えつづけている。

彼らの集団生活は〈アリの巣〉のようでもあるが、その語源は頭でっかちのアリに例えた表現なのだそうだ。廉思《れんし》の著書「蟻族――大卒者の居住村実録」から「蟻族」という言葉が生まれた。廉は『蟻族』とは、収入が極めて少ない大卒者のこと。平均月収は1956元ほどで、支出は1500元ぐらい。残金はほとんどなく、居住環境も悪い。居住面積は、ひとり当たり平均10平方メートルほどしかない」と記している。

つまり、彼らの境遇は、高学歴のワーキングプア。家賃の安い都市と農村の境界地域に住んでいるが、その居住環境は、別項で紹介している「蝸居」よりも劣る。「蟻族」の拠点としては、北京郊外の唐家嶺《とうかれい》村が有名だが、彼らに部屋を提供している安アパートは、農家を勝手に増築した違法建築も少なくない。

「蟻族」は、大学の定員増による大卒者の供給過多、金融危機以来の就職難、都市と地方の経済格差、不動産価格高騰による住宅難など、さまざまな社会矛盾の犠牲となった一群といえる。数ある新語・流行

狭い部屋に肩寄せ合って暮らす若者たち（提供：中新社）

語のなかでも、もっとも注目されている言葉で、2010年3月に開かれた全国人民代表大会（全人代）で、温家宝《おんかほう》首相が格差是正のキーワードに「蟻族」の問題を提起したほどだ。

〈アリ地獄〉でもがく彼らの不満や絶望感が頂点に達したとき、おとなしい「蟻族」が〈シロアリ〉に豹変《ひょうへん》し、国家の根幹を揺るがしかねない。

富二代《フウアルダイ》（fù èr dài）

富二代《ふにだい》

成金二世

〈成金二世〉の意味。改革開放後、真っ先に豊かになった「富一代《フウイーダイ》」といわれる民営企業家の子女である。

最近、メディアに頻繁に登場する「80後《バーシホウ》」とよばれる1980年代以降生まれの若い世代で、本来ならば、将来への希望に満ちた若者であるはずなのだが、そのあまりにも恵まれた環境から、定職に就こうともせず、堕落《だらく》した生活を送っている者が少なくない。

彼らの豪奢《ごうしゃ》な生活ぶりは、一般庶民から見れば、常軌《じょうき》を逸したものといえる。親から相続した財産は1億元以上。豪邸に住み、高級車を乗り回し、酒色に溺れ、ブランド品を買い漁《あさ》る。「富二代」が猛スピードで運転し、人身事故を起こすケースが目立っているが、警察官が罰金を徴収したり、車を差し押さえたりすることに対し、彼らは平然とした顔をしているという。罰金や車の没収など、痛くも痒くもないのだろう。罪の意識は微塵《みじん》も感じられない。

日本のメディアでも「富二代」が100元札をティッシュ代わりにして興じている場面や、「親のカネで遊んで何が悪い」と開き直る様子などが報じられ、長年、中国社会を見つづけてきた筆者でさえ、かなりの衝撃を受けた。多少、センセーショナルに伝えている部分はあるのだろうが、こうなると、もう〈ドラ息子〉〈放蕩《ほうとう》息子〉といったレベルではない。日本以上に深刻な格差社会がもたらした病巣《びょうそう》は、〈衣食足りて礼節を知る〉という美徳をも過去のものにしてしまったようだ。

こうした「富二代」のモラルのなさに対し、社会からは「教育を強化すべき」との声もあがっている。しかし、一度、贅沢の味を知ってしまった彼らに、いまさら何を言っても無駄との気がしないでもない。

ちなみに、〈腐二代〉もまた「富二代」と同じ発音である。カネの力がすべて、と信じている彼らの場合、腐敗を意味する〈腐二代〉の造語のほうがふさわしいのでは——。

このほか、「富二代」の対義語として、「窮二代《チョンアルダイ》」という言葉も広く使われている。これは、親が貧しければ、子の世代も貧しさから抜け出すことができないという、いわば〈貧困のスパイラル〉だ。この「窮二代」の問題は、家庭の事情によって退学を余儀なくされる高校生が急増し、大量のワーキングプア予備軍を生み出している日本社会にも当てはまる。

市場主義経済がますます加速するいまの中国において、〈負の連鎖〉〈富の連鎖〉、いずれを断ち切るのも容易なことではない。

留守人口《リウショウレンコウ》(liú shǒu rén kǒu)

留守人口《るすじんこう》

出稼ぎ者の留守家族

家族が都市に出稼ぎに行き、農村に残された家族をさす。

「新京報《しんきょうほう》」が伝えたところによると、全国の農村における「留守人口」は、2008年12月末時点で8700万人に達するという。中国農業大学がおこなった農村の「留守人口」に関する研究から、その内訳は、「留守児童《リウショウアルトン》」が2000万人、「留守女性《リウショウニイシン》」が4700万人、「留守老人《リウショウラオレン》」が2000万人とみられている。

また、中国農業大学人文・社会発展学院の葉敬忠《ようけいちゅう》副院長は、テーマ別研究発表会において、「農村に残された女性の隠された性に関する問題が、今回の調査で浮き彫りになった」と指摘。「長いあいだ、性を抑圧された状態にあることで、彼女たちは精神面で悪循環に陥りやすい」と語っている。〈亭主元気で留守がいい〉などという状況は程度問題。ここで例示されたセックスレスの問題のみならず、一家の大黒柱が長期にわたって不在にならざるを得ない構図は、さまざまな歪《ゆが》みを生み出しているようだ。

一方、前出の「留守児童」という言葉は、1980年代から現れたもので、両親が出稼ぎに行き、郷里で祖父母や親戚に育てられている子どもをさす。

農村の子どもを都市の学校に入れるには、「賛助金《ザンジュウジン》」というお金を支

親は出稼ぎで不在ながら明るい笑顔をみせる「留守児童」たち
（提供：中新社）

払わなければならない。それを負担できない出稼ぎ者は、やむなく子どもを郷里に残し、地元の学校に通わせる。

多くの子どもは生活が苦しく、教育環境に恵まれず、親の愛情も乏しい。親と遠く離れて暮らしていることが、彼らに深刻な心理的悪影響をもたらしている。政府はこうした「留守児童」に対する支援に力を入れているが、そのためにはまず農村における出稼ぎ依存の構造を根本から解消しなければならず、一筋縄ではいかないのが実情だ。

「留守児童」――字面だけを見れば、単なる〈カギっ子〉のような印象を受けるが、彼らは格差社会が生んだ〈鬼っ子〉なのかもしれない。

流动人口《リウドンレンコウ》（liú dòng rén kǒu）

流動人口《りゅうどうじんこう》

地方出身の出稼ぎ労働者

これまで、地方からの出稼ぎ者は「外来人口《ワイライレンコウ》」といわれていたのだが、「流動人口」と呼び名が改められた。その理由について、北京市委員会の龍新民《りゅうしんみん》副書記は「『流動人口』と『常住人口《チャンジュウレンコウ》』（現地の戸籍をもつ者）に対する待遇の平等化への第一歩であり、『流動人口』の合法的な権利をより適切に保護するうえで意義ある措置」と説明している。

北京市統計局によると、「流動人口」が２００９年は４００万人を超え、そのうち、北京での就労者が３００万人以上に達しているという。最近、北京市の周辺地区で「流動人口」が「常住人口」を上回る一種の〈逆転現象〉がみられ、北京市郊外の大興《だいこう》区では、「流動人口」が「常住人口」を上回る村が92ヵ所もある。なかには、〈逆転現象〉どころか、「流動人口」が「常住人口」の10倍以上に膨《ふく》れ上がっているケースも。

「流動人口」が北京の貴重な労働力になっている事実がある一方、「過度な『流動人口』の増加がもたらすバランスシートの崩壊は、環境や治安の悪化を招くおそれもある」と危惧《きぐ》する声もある。これ以上の流入を防ぐべく、村の周辺にゲートを設置したり、通行許可証の提示を義務づける動きも現れはじめているようだ。

豊かな生活を求め、続々と都会を目指す「流動人口」たち。都会での居場所を失ったとき、彼らは〈漂流《ひょうりゅう》人口〉に変わってしまう。

蜗居《ウォジィ》（wō jū）

蝸居《かきょ》

ウサギ小屋

直訳すれば、〈カタツムリの家〉。それほどまでに狭く小さい家を意味する。

マイホーム購入のために苦労する庶民の生活を描いたテレビドラマ「蝸居」が若者のあいだで人気を集め、近ごろ、話題になっている。このドラマのタイトルが、そのまま大住宅難時代を反映する流行語となった。ドラマのヒットが契機となり、多くのメディアやネットユーザーが、不動産価格の高騰をめぐる議論を過熱させている。

中国では、月収2000元足らずのサラリーマンも多く、彼らは、広い家を眺《なが》めては溜息《ためいき》をつくばかり。苦しい家計のやり繰りに追われるうち、マイホーム購入の夢はとうに諦《あきら》め、「蝸居」暮らしに甘んじている。就職難に苦しむ若者だけではなく、数十年にわたって「蝸居」から抜け出せない中高年も少なくないという。

かつて日本の狭い住宅が欧米人から〈ウサギ小屋〉と揶揄《やゆ》された時代があったが、〈カタツムリの家〉の狭さは、その比ではない。日本とは違い、国が大きいだけに、いっそう悲哀を感じさせる。〈カタツムリの家〉の住人が〈アリ（蟻族）〉というのも切ない話だ。

家《ジャア》电《ディエン》下《シャア》乡《シャン》 (jiā diàn xià xiāng)

家電下郷《かでんかきょう》

農村部の家電販売促進キャンペーン

農村部で家電の販売を促進する政府肝煎《きもい》りの一大キャンペーンのこと。2009年以降、広い地域で展開されている。

これまで都市部が中心だった家電消費が、農村部でも消費市場が活発化するなか、農村消費の実情に合わせ、政府が打ち出した内需拡大政策のひとつである。

中央政府と地方政府が財政から直接支援する形で、家電を購入した人に販売価格の13%の補助金を与えるというもの。カラーテレビ、冷蔵庫、携帯電話、洗濯機、電子レンジ、パソコン、エアコンなどが対象商品となっている。

家電消費を農村部にまで波及させた効果が評価される一方、「家電下郷」政策に乗じて投機売買するケースも増えており、不良製品が続出するといった問題も。「○○下郷」の動きは、家電にとどまらず、最近は建材や自動車へと裾野を広げつつある。

ただ、家電購買力をもつ豊かな都市近在の農民が急増しているとはいえ、すべての農民が家電を購入できるだけの経済力を手にしたわけではない。家電はおろか、電気の供給さえ十分に受けられず、最低限の生活を強《し》いられている貧困地区の農民も多数存在しており、「下郷」がさらに〈下〉へ進んでいくことが望まれる。

负《フウ》 翁《ウェン》（fù wēng）

負翁《ふおう》

借金してまでも派手にふるまう人

中国には富豪を意味する「富翁《フウウェン》」という言葉もあるが、発音は同じでも意味はまったく異なる。

彼らの考え方は、日本流に言えば〈明日は明日の風が吹く〉。消費者ローンやキャッシングをつぎつぎと利用し、マイカー、マイホームなどの大きな買い物から、ブランドのバッグや家電まで、何でもローン払いにしてしまう。

なぜそのようなことが可能かというと、中国ではローン審査、クレジットカードの入会審査が非常に甘いため、簡単にローンを組んだりカードをもったりすることができるからだ。甘い審査の弊害も多く、利用者が数万元ものローンを残したまま、行方《ゆくえ》をくらます悪質なケースも報告されている。

最近は、株売買や投資の失敗で、いきなり「負翁」に転落する人も少なくない。「負翁」の主体は都市部の20～35歳の若者である。中国社会科学院の統計によると、北京、上海の二大都市における家庭の借金比率は、欧米を上回っているという。

このほか、住宅、車、贅沢品などの各種ローンの資金繰りに苦しむホワイトカラーをさす「白奴《バイヌウ》」という言葉もある。

白骨精《バイグウジン》（bái gǔ jīng）

白骨精《はっこつせい》

エリート女性

本来、「白骨精」とは「西遊記《さいゆうき》」に登場する狡猾《こうかつ》な妖怪の名前である。それが転じて、ホワイトカラー（白領《バイリン》）、中堅（骨幹《グウガン》）、エリート（精英《ジンイン》）女性を意味する言葉として広く使われるようになった。

彼女たちは、学歴が高く、経済的にも成功しており、物質的な豊かさよりも精神的な豊かさを追求する傾向が強い。習い事に夢中になり、芸術的な余暇を過ごしている。政治には関心がなく、他人との激しい議論も好まない。オシャレなレストラン、カフェ、ナイトスポット、ブランドショップなどに出没し、思う存分、独身貴族の自由をエンジョイしている。

「白骨精」という言葉の用法は幅広い。たとえば、「白骨精のあいだで人気がある乗用車」などの宣伝文句にも使われている。つまり、「白骨精」は、トレンドやファッションの象徴なのだ。

〈白い骨の精〉とは、艶《なま》めかしさも感じさせる言葉だが、経済力という武器を手にした彼女たちの生き方には、男性に媚《こ》びるところがまったくない。毅然《きぜん》、颯爽《さっそう》としたイメージとともに、〈妖力〉を駆使して社会の荒波を泳ぎ切るような逞《たくま》しさも伝わってくる。

低《デイ》保《バオ》（dī bǎo）

低保《ていほ》

社会最低生活保障

社会最低生活保障の略語。日本語の生活保護的なものと考えればいいだろう。ただ、審査が厳しいせいか、日本のような〈不正受給〉の問題はあまり聞いたことがない。

中国において、都市住民の最低生活保障制度が打ち出されたのは１９９７年のこと。その後、農村の「低保」事業は実質的な効果をあげており、条件に合った貧困農民は、すべて保障の対象範囲内に入れられた。

「低保」制度は、いまや都市と農村の生活が苦しい人びとにとって、最低限の生活を保障されるセーフティーネットといえる。また、生活レベルの向上や物価の高騰《こうとう》にあわせ、各地の「低保」基準も、程度の差こそあれ、上方修正されており、国民全体の「低保」水準は引き上げられている。

「低保」の水準引き上げは大きな前進といえるが、中国社会における貧富の格差は拡大するばかり。今後の課題は、「低保」の受給者自体を減らしていくための努力だろう。

辣奢族《ラアシェズウ》（là shē zú）

辣奢族《らっしゃぞく》

熱狂的に高級ブランドを追い求める人

英語の「luxury（ラグジュアリー）」の音訳で、高級ブランド追求に狂奔する人びとをさす。

「辣奢族」がどのような人種かというと、ブランドをショッピングの基準としており、ブランド品のためには、日常の生活で節約することは厭《いと》わない。欲しいブランドが購入できなかった場合は、激しいフラストレーションを感じ、胸を引き裂かれるような苦しみに苛《さいな》まれる。その気持ちは、一般人には到底理解できるものではない。

洋服や化粧品が「辣奢族」の支出のトップを占めている。たとえば、ヨーロッパへ旅行に出かけても、「辣奢族」の関心は、観光よりもひたすらショッピング。そういえば、バブル時代の日本人観光客も、ヨーロッパのブランドショップで、強い円にモノをいわせ買い漁《あさ》る姿が批判されていたのを思い出す。

多くの人に買い控えの心理を植えつけた金融危機も、「辣奢族」の消費動向には何ら影響を与えていないという。翻って日本の「辣奢族」は――いまや海外のブランドショップにおいて、すっかり影が薄くなってしまった。

灰领《ホイリン》(huī lǐng)

灰領《はいりょう》

グレーカラー

「白領」（ホワイトカラー）、「藍領」（ブルーカラー）に対し、グレーカラーを「灰領」とよぶ。

中国語の「灰」は、ダーティーな事物を表すことが多いのだが、「灰領」は反社会的な人たちを意味する言葉ではない。

グレーカラーとは、あまり聞き慣れない言葉だが、本来の意味は、ふだんグレーの作業服を身に着けた技術系労働者。最近では、ＩＴ業界、設計業界、パイロット、外科医、記者など、ホワイトカラーにもブルーカラーにも属さない、特殊な能力・技術をもった人たちも含まれるようになった。

中国では現在、報酬が高いホワイトカラーの就職が非常に厳しい半面、グレーカラーの職業の求人は多く、売り手市場になっている。専門家の分析によると、今後の雇用情勢は、ホワイトカラーとブルーカラーの比率がともに縮小するのとは対照的に、グレーカラーの比率はますます増大し、社会の主要層となる可能性が高いという。

今後もグレーカラーの需要が伸びることは必至。ただ、国全体としては豊かになっても、多くの人が就職難やリストラに喘《あえ》いでいる厳しい時代、中国の就職市場には〈灰色〉の未来が待っているようだ。

炫《シュエン》 富《フウ》（xuàn fù）

炫富《げんふ》

富をひけらかす

富の誇示を意味する。

最近の中国では、金持ちのあいだで、富を誇示するための消費活動が目立っている。

彼らの消費の目的は、実用品を手に入れることではなく、単に他人から羨望《せんぼう》されたいという欲望。富の誇示は、自尊心、優越心を満たすだけにとどまらず、成功者としての自分をアピールし、社会的地位や声望を高めることにもつながると考えているようだ。

モーターショーの期間中、まるで野菜でも買うかのように高級車を何台も購入する。住宅や別荘を複数所有し、超豪華なインテリアで統一する。周囲を圧するほど大きな墓を建てる。こうした行為が、まさに「炫富」である。

富をひけらかす行為は、ともすれば悪趣味と批判されがちではあるが、実際に自分が金持ちになってみなければ理解できない心理状態なのかもしれない。しかし、日本ではもっとも嫌われるタイプの人種である。

「炫富」とは反対に、金持ちであることを世間に知られないようにしている人たちを「隠形富豪《インシンフウハオ》」とよぶ。

两《リャン》免《ミイェン》一《イー》补《ブウ》（liǎng miǎn yī bǔ）

両免一補《りょうめんいちほ》

義務教育における貧困家庭に対する補助政策

2005年から実施されている、貧困家庭を対象とした補助政策のひとつ。「両免」は、貧困家庭における児童の雑費と教科書代を免除することで、「一補」のほうは、寄宿生に生活費・寮費を補助すること。これらの費用は、いずれも国家と地方政府から支給される。「両免一補」の対象は、義務教育段階にある農村地区の貧困家庭の児童と、都市部における最低生活保障政策の対象となっている家庭の児童。近年は農村からの出稼ぎ者「農民工《ノンミンゴン》」の児童にも対象が広がっており、これまで学校へ通いたくても経済的事情によって断念せざるを得なかった子どもたちが、教科書を手に笑顔をみせるシーンはなんとも心が和む。

中国版の〈子ども手当〉ともいえる同政策の実施により、小中学生をもつほとんどの家庭で経済負担が軽減された。北京市では、「両免一補」政策の改善を、将来的な義務教育完全無償化への布石と位置づけている。〈子ども手当〉に関しては、日本の民主党よりも長期的な展望を持ち合わせているようだ。

第２章
さまよえる就職・住宅難民

先般、全国各地で発生した反日デモ。表面上は日本を罵倒する激越な言葉があふれていたのだが、彼らにとって日本は〈仮想敵〉にすぎず、怒りの真の矛先は住宅難・就職難の解消や官僚腐敗撲滅に消極的な現体制、との見方も少なからずあった。事実、デモ参加者の多くは戦争を知らない若い世代であり、一部のデモでは、常軌を逸した不動産価格高騰に抗議する直截なスローガンもみられ、当局を狼狽させた。解決が〈難〉しい住宅難・就職難は、若者の鬱屈したフラストレーションを暴発させかねない。

住宅ローンのせいでスッカラカンに（「房奴」より、提供：中新社）

房奴《ファンヌウ》（fáng nú）

房奴《ぼうど》

住宅ローン返済に苦しむ人びと

中国ではいま、不動産の常軌《じょうき》を逸した高騰が市民の話題の中心になっている。多くのホワイトカラーの場合、銀行の貸し付けを返済するまでに、平均30～40年もの時間を必要としている。そのため、会社を辞めたいと思っても、我慢して残らざるを得ない。つねに失業を心配しつつ、リストラされないよう努力し、私生活でも趣味やレジャーにかかる支出は極力削《けず》り、できるだけ両親のところで食事をして食費を浮かせるなど、暮らしぶりにはまったく余裕がなく、まさに「房子《ファンズ》（家）」の「奴《ヌウ》隷《リィ》」という表現がふさわしい。

とくに未婚男性にすれば、たとえ奴隷のような生活を余儀なくされても、家さえもてない男性は結婚相手として大きく減点されてしまうため、非常に切実な問題だ。さきに紹介した「蝸居」の現象も、背景には深刻な住宅難の問題が見え隠れしている。

「房奴」は月収の50％を銀行ローンの返済に回す。もし、ひとりの農民が都市部で90平方メートルの住宅を購入したならば、毎日飲まず食わずだったとしても、完済までに100年かかる計算になる。いかに住宅難、不動産バブルの時代とはいえ、「房奴」が不正常な社会現象であることは疑う余地がない。

「家を買っても、月収の半分近くをローン返済に充《あ》てなければならない。

「房奴」のコスチュームで最近の不動産価格高騰に抗議する芸術家
（提供：中新社）

それでまともな生活が送れるだろうか？　そう考えると、なかなか購入する決心がつかない」と溜息をつく「房奴」の〈予備軍〉ともいうべき人びとも含めると、「房奴」は膨大《ぼうだい》な数にのぼるだろう。

高まる庶民の不満を受けて、中国政府は住宅問題の解決を重要テーマのひとつに掲げ、不動産価格の狂騰《きょうとう》を抑制すべく、対策に本腰を入れようとしている。〈改革開放〉に続き、〈奴隷解放〉を成功させられるか、政府の舵《かじ》取りに注目したい。

炒房《チャオファン》（chǎo fáng）

炒房《しょうぼう》

不動産の転売

いわゆる〈不動産ころがし〉。かつて日本も経験した、バブル期を象徴する現象が、いま中国各地で横行している。

「炒」の原義は「炒《いた》める」の意味だが、近年は幅広い分野で使われている。

たとえば、「炒基金《チャオジージン》」（ファンド取引）、「炒股《チャオグゥ》」（株の売買）、「炒金《チャオジン》」（ゴールド売買）、「炒明星《チャオミンシン》」（有名人のスキャンダル報道）、「炒新聞《チャオシンウェン》」（煽り記事）など。これらはいずれも、人びとが関心をもっている身近な投機に関する話題や、大衆的な娯楽の話題だ。「炒」の使用頻度の高さが分かるが、あまりいいニュアンスではない。

「炒房」に話を戻すと、最近は自分が住むためでなく、転売目的で不動産を購入する投資家が増えている。

「炒房」では「温州《おんしゅう》炒房団」が有名だ。彼らは、過剰な投機的取引をおこなうことで、不動産価格を高く引き上げ暴利を得た。

不動産ころがしは反社会的な行為であり、過剰な投資は大きなリスクを伴う。「炒」も度を過ぎれば、〈焦《こ》げつく〉可能性があることを肝に銘じておく必要がある。

合租族《フウズウズウ》（hé zū zú）

合租族《ごうそぞく》

ルームシェアをする人びと

直訳は〈ルームシェア族〉を意味する。

「合租族」の場合、ひとつの部屋に十数人が入居するケースもあり、治安面での不安があることも事実だ。こうした状況を受けて、「合租族」を規制するための法整備を求める声が絶えないが、実際問題、居住者にとっては、ルームシェアをつづけていく以外に選択肢はない、という厳しい現実がある。

都市部の住宅価格高騰《こうとう》が止まらない状況下、低収入の出稼ぎ労働者にしろ、ようやく仕事を見つけたばかりの地方出身の大学卒業生にしろ、ルームシェアをしなければ、彼らの住む場所はない。最近、一番の社会問題となっている「蟻族」などは、まさにその典型だろう。したがって、政府関係部門は、治安の確保と低所得層の住居確保というふたつのテーマを、同時並行的に解決しなければならない。

日本でのルームシェアには、〈ひとつ屋根の下〉的なちょっと楽しげな雰囲気も感じられるが、中国の事情はまったく異なる。ひとり暮らしをしたくても財力がそれを許さないから、貧しい者が肩を寄せ合って共同生活する――狭く暗い「合租族」の部屋の閉塞感《へいそくかん》は、格差社会の閉塞感の縮図ともいえる。

洋漂族《ヤンピャオズウ》（yáng piāo zú）

洋漂族《ようひょうぞく》

外国人労働者

中国で働く外国人のこと。次項で紹介する「北漂一族」に倣《なら》って作られた言葉である。

近年、中国でよりよい待遇を求め、絶えず転職を繰り返す外国人がますます多くなっている。中国で留学したあと、一度帰国してはみたものの、自国での仕事探しに限界を感じ、ふたたび中国に舞い戻って求職する外国人も少なくない。

優秀な中国人帰国留学生の急増で、かつては高給で優遇されていた「洋漂族」の求職は、これまでほど楽ではなくなっている。

報道によると、上海では「洋漂族」と帰国留学生との競争が激化しており、「洋漂族」は給料面での要望を引き下げているという。要するに、みずから条件のダウンを提示しなければ、仕事にありつけない時代になったのだ。

厳しい競争に勝ち抜くことができる「洋漂族」とは、中国語が堪能《たんのう》で中国文化に知悉《ちしつ》しているのはもちろん、高度な技能やスキルをもつ人材。最近は大就職難時代に直面する日本からも、〈チャイナドリーム〉実現を夢見て雄飛《ゆうひ》する人が増えている。しかし、成功を手にできるのはひと握りでしかない。

北漂一族《ペイ ピャオ イー ズウ》（běi piāo yī zú）

北漂一族《ほくひょういちぞく》

北京で仕事を探す芸能人、北京に籍がないクリエイター

本来の意味は、北京で仕事を探す地方出身の芸能人をさしていた。彼らは芸能プロダクションの斡旋《あっせん》を受けてエキストラの仕事などをしながら、デビューのチャンスを狙っている。

現在では、北京の戸籍をもたないフリーターや画家、エンジニアなども「北漂一族」とよばれている。

北京を代表するハイテクエリアである海淀区《かいてい》では、このような「北漂一族」が10万人を超えているという。彼らの多くは大学卒業後、地方で就職せず、あるいは地方での仕事を拒否して上京し、IT関係の外資系企業などで働いている。戸籍制度の緩和にともない、「北漂一族」はさらに拡大していくものとみられている。

北京の地方紙「新京報《しんきょうほう》」と「新浪《しんろう》教育チャンネル」が5000人の「北漂」女性を対象とした調査結果では、男性よりも苦労が多いと感じ、70％が北京戸籍を重要視し、40％が北京で家を買うことを望み、10％が北京で好条件の男性と結婚したいと願っていることが明らかになった。

「北漂一族」のなかには、〈北京ドリーム〉を実現した成功者も少なくない。河北省出身の俳優ワン・バオチャン（王宝強）は、その代表的人物である。エキストラの下積み生活をつづけるなかで、ビッグチャンスを手にした。

电《ディエン》 拒《ジィ》 (diàn jù)

電拒《でんきょ》

電話での不採用通知

履歴書を送られた会社の人事部が、求職者に電話で断りを入れることをさす。

電気のこぎりを意味する「電鋸」が「電拒」と同音であることから、断られる側の身を切られるような痛みを表現している。やや自嘲気味のこの言葉には、「どうしようもない」と嘆く、就職難時代を生きる学生たちのやるせない気持ちが込められているようだ。

中国人力資源社会保障部就職促進司によると、中国労働市場の供給過多問題は２００９年以降、さらに悪化しているという。求人数の減少によって、大卒者が直面している就職をめぐる競争は、ますます激化している。

こうした状況は、たくさん履歴書を送付しても、面接にすら辿《たど》り着けない、日本の学生の厳しい現実がだぶる。売り手市場だったバブル期は、学生のほうが会社に電話で断りを入れるケースも珍しくなかったのだが——。

まったく将来への展望が見出せない時代、当然、「電拒」される人は増えているわけで、学生の悲鳴とともに、ジージージーという「電鋸」の無情で冷酷な振動音が響いてくる。

辣面《ラア ミィエン》（là miàn）

辣面《らつめん》

何度も面接の機会を求め歩く

履歴書を送っても反応を得られない学生が、コツコツと企業を何社もまわって、辛《つら》い思いをしながら面接の機会を得ることをさす。これは日本社会にも共通する現象だ。

就職難に直面しているのは、「卒業は楽だが就職は難しい」といわれてきた中国語学科の学生だけではなく、いまでは人気学部を専攻した卒業生も同じ。こうした状況下、就職難にまつわる流行語が、おもにネット上でつぎつぎと生まれている。

たとえば、たくさんの面接を経験したベテラン面接官は「面霸《ミィエンバア》」（人気のあるカップめんの商品名）とよばれている。「辣面」は、直訳すれば「辛《から》いラーメン」だから、〈辛い〉評価ばかりを下す面接官をさす言葉としては、なるほど言い得て妙だ。

「辛《つら》」さが「束《たば》」になった「面」接と書いて「辣面」。「電拒」同様、何とも切ない言葉だが、飛び込み面接をも厭《いと》わない彼らのバイタリティーに、日本の学生には足りない逞《たくま》しさを感じる。

「面」（麺）は何度も打たれてこそコシが強くなり、味が増す。「電拒」や「辣面」に負けず頑張ってほしい。

ツァイ ユエン
裁 员（cái yuán）

裁員《さいいん》
リストラ

リストラを意味する。働く者にとって、もっともゾッとする言葉といえる。

金融危機以降、目に見えて「裁員」という言葉の使用頻度が高くなっている。業績が悪化した中小企業では、工場が操業停止に追い込まれたり、ひいては経営破綻《はたん》したりするケースも珍しくない。あすはわが身、先が見えないいまの時代、だれもが「裁員」という言葉に対し、非常に敏感になっている。

「裁員」によって馘首《かくしゅ》された失業者の増加が、社会不安の大きな要因となっていることは改めて説明するまでもない。「裁員」をめぐる労働争議がとくに頻発《ひんぱつ》している広東省《かんとん》では、省労働・社会保障局が2009年、「従業員20人以上、あるいは全従業員の10％以上を一度に解雇する場合、事前に労働組合（工会《ゴンホイ》）に報告しなければならない」との規定を義務づけた。こうした労働者保護の動きも現れはじめてはいるものの、給料未払いなどの問題に直面した際、労働者側の立場が弱いことに変わりはない。

このほか、「クビにする」という意味には、「炒鱿魚《チャオヨウユイ》」（イカを炒める）というくだけた表現もある。熱い鉄板の上でのたうち回るイカ（労働者）の姿が目に浮かぶ。

下《シャア》 课《クウ》 (xià kè)

下課《げか》

クビになる

本来は「学校の授業が終わる」という意味なのだが、現在は「クビになる、免職される」という新しい意味が加わった。

最近、スキャンダルや体たらくが目立つサッカー界をはじめ、おもにスポーツの世界でよく使われている。

国民的人気が高いナショナルチームが負けて、がっかりしたサッカーファンたちが、「教練該下課了」(コーチはクビにされるべきだ)と叫び出したのがきっかけ。こうして、この言い方は、スポーツ界で頻繁《ひんぱん》に使われるようになった。

その後、時間が経つにつれ、「貪汚腐敗的官員也下課了」(汚職・腐敗官僚も罷免された)というように、スポーツの世界以外でもその使用範囲は広くなりつつある。

新しい意味の「下課」の語源は定かではないが、中国語の一部の方言では、「去」の発音が「課」に近いので、「下去《シャアチィ》」(去る)が「下課」になったとの説もある。

授業が終わって喜ぶのは学生だけ。満足な業績を残せなかったり、やましさを抱えた大人たちは「下課」に戦々恐々《せんせんきょうきょう》となっている。

自由职业者《ズゥ ヨウ ジー イェ ジュウ》（zì yóu zhí yè zhě）

自由職業者《じゆうしょくぎょうしゃ》

フリーター、自由業者

フリーターの意味。ただ、日本とは異なり、保険の代理人、仲介人、作家、画家、家庭教師など〈自由業〉的な人たちも、この「自由職業者」の範疇《はんちゅう》に含まれる。

中国では、改革開放政策が実施されるまで、フリーターという職業形態は存在していなかった。が、社会構造が劇的に変わり、職業選択の幅が広がった一方で、深刻な就職難の昨今は、正社員になるチャンスが減っていることもあってか、日本と同じようにフリーター人口が増えている。

ちなみに、「自由職業者」にすらならず、ぶらぶらと自堕落《じだらく》な生活を送る若者は「悠客《ヨウクウ》」とよばれている。「悠客」の場合、「仕事が見つからない」のではなく、「仕事を見つける気がない」とのニュアンスがふさわしい。

「悠客」はともかく、条件のいい職に就くことができず、心ならずもフリーターに甘んじている人の場合、「自由職業者」とはいうものの、当人は〈自由〉など感じていないはずだ。〈自由〉な時間を享受できるのは、むしろ役人たちなのである。

小时工《シャオ シー ゴン》（xiǎo shí gōng）

小時工《しょうじこう》

パート労働者

パートタイマーの意味。「小時」は「〜時間」、「工」は「労働者」を表す。

日本の場合もそうだが、パートタイマーやバイト人口の増加は、高い失業率や低い雇用率と密接な関係がある。

「小時工」は近年、だんだんと盛んになってきた新しい労働形態だ。「鐘点工《ジョンディエンゴン》」ともいう。

当初、「小時工」は、地方から大都市に来た出稼ぎ者をさす言葉だった。が、その後、失業者や一時帰休者の増加に伴い、アルバイトをして家計の足しにしている都市住民を表すようになった。

パートタイマーの仕事は、一般家庭での掃除・洗濯、食事の準備、子守り、高齢者の介護、病院での看護など。1日に何時間、週に何回働くかについては、雇い主とのあいだの話し合いで決める。職種によって、時給の相場はさまざまだ。

経済発展めざましい中国とはいえ、前述の職種の時給相場は総じて低い。その点、斜陽の日本とはいえ、バイトの高い時給は、中国人留学生にとって、まだまだ魅力的に感じられるようだ。

第３章

新時代のさまざまな愛のかたち

改革開放政策の結実によって、社会が激変した中国。開放政策がもたらしたものは、市場主義経済の発展だけではない。人びとの価値観は大きく変わり、とくに男女関係をめぐる伝統的な道徳観や倫理観は、都市部を中心に、急速に廃れつつある。しかし、男女交際やセックスがオープンになったにもかかわらず、結婚相手探しに苦労する若者が少なくない。〈婚活〉ブーム、そして既婚未婚を問わず、男と女の抱える苦悩は中国も同じ。多様化するさまざまな愛のかたちは、愛を欲するドライな時代を映す鏡といえる。

「剰女」たちが踏み台にしているのは「学歴」「地位」「給料」の〈三高〉だ
（「剰女」より、提供：中新社）

裸婚《ルオフン》(luǒ hūn)

裸婚《らこん》

ジミ婚

「裸婚」という文字からは、何やらエロチックなイメージが浮かんでくるが、実際の意味は正反対。結婚時に、マイホーム、マイカー、結婚指輪などを一切購入せず、結婚式、結婚披露宴、新婚旅行もなし、結婚登録時に必要な9元(約140円)の手数料しか使わない、究極の〈ジミ婚〉をさす。つまり、〈裸一貫〉からの新生活、ということか。

「裸婚」は、ここ2年くらいのあいだに広まった新語である。高い収入を得られず、つつましい節約生活を送る若者にとって、高額な結婚費用は重い負担となっている。そこで生まれたのが「裸婚」の発想だ。

「裸婚」賛成派は、「愛があれば、ほかに何もいらない」「相手に見返りを求めない結婚だから、まさに打算のない純愛といえる」と、その合理性や純粋さを強調する。また、なかには経済的な理由からではなく、近年の華美な結婚スタイルに疑問をもち、あえて「裸婚」を選択するカップルもいるようだ。

もちろん、「裸婚」なんて絶対にイヤ、という女性のほうが多数派である。あるネットの調査によると、7000人の女性のうち、「裸婚」否定派は70%に達した。このほか、内心では「豪華な結婚式を挙げたい」と思いつつ、本音を隠し、「裸婚」で妥協するケースもあり、女性の感想は十人十色だ。

何もなくても二人の愛さえあれば
（提供：中新社）

ちなみに、「裸婚」にもっとも大きなショックを受けるのは、新婦の母親であるという。娘の晴れ姿を見たかった――この気持ちは、何となく分かるような気がする。

なるべく出費は抑えたいが、ソコソコの思い出くらいは残したい――そんな場合は、「半裸婚《バンルオフン》」という方法もある。「半裸婚」とは、マイホームやマイカーは我慢するが、簡単な結婚式だけは挙げるというもの。〈全裸〉にせよ〈半裸〉にせよ、虚飾を否定し、質素を重んじる「裸婚」を〈恥ずかしい〉と感じる必要はない。

剰《ション》 女《ニイ》（shèng nǚ）

剰女《じょうじょ》

婚期を逸した女性

知性と美貌、経済力を兼ね備えた30代の独身女性を「剰女」とよぶ。中国には「男大当婚、女大当嫁」（男性も女性も適齢になれば結婚すべき）という格言がある。だが最近は、ちょっと気を抜いてしまったがゆえに、結婚適齢期が過ぎてしまい、「剰女」などといった有難くない新語でよばれる女性が増えている。

あるデータによると、北京では「剰女」がすでに50万人を超えているという。最近の「婚活《こんかつ》」ブームの背景には、こうした大量の「剰女」の存在がある。

結婚をめぐるプレッシャーは、やはり「剰女」のほうが「剰男《ションナン》」よりも大きい。ますます「剰女」「剰男」が増えつづけるなか、彼らをターゲットに、お見合いパーティーなどを主催するサービスが人気を集めている。

才色兼備《さいしょくけんび》で経済力もある「剰女」が、相手探しに苦労しているのはなぜか。理想が高過ぎるのではないか、とも思うのだが、この年齢だからこそ、理想の条件を下げることができない、との気持ちも強いのだろう。それにしても、〈残りものの女性〉といったニュアンスの「剰女」という名称は、少々気の毒な気がする。

婚《フン》活《フオ》(hūn huó)

婚活《こんかつ》

結婚相手を探す行動

日本語の「婚活」がそのまま定着したものである。

現在、中国では「婚活」という言葉が一般的となり、とくに「剩女」(前項参照)のあいだでよく使われている。「婚活」に情熱を燃やす「婚《フン》活《フオ》族《ズウ》」という言葉も生まれた。

多くのホワイトカラーが「婚活族」となり、「就職活動のように結婚活動をおこない、理想の愛を得るため、結婚を事業と考えて取り組む」をスローガンに奮闘している。ただ、多忙な仕事に追われるホワイトカラーほど、結婚のチャンスを摑《つか》みにくいという現実があるようだ。また、昨今の就職難が女子大生の結婚観を変え、「婚活」ブームを過熱させている一面も否定できない。

結婚したいが結婚できない――という状況は、日本の「婚活」事情と同じ。お見合いパーティーなども多数開催され、「婚活」ビジネスは花盛りだが、肝心の当事者たちは苦戦を強いられており、最近は結婚できない息子や娘をもつ親たちが、本人にかわって相手探しに奔走《ほんそう》するケースも増えているという。

現代の未婚女性たちは、就職のみならず、〈永久就職〉も難しい時代を生きている。

嫁碗族《ジャアワンズウ》（jià wǎn zú）

嫁碗族《かわんぞく》

公務員との結婚を望む女性

公務員と結婚したい女性のこと。最近は中国に限らず、こうした女性は日本でも増えている。

中国で公務員は「飯碗《ファンワン》」（安定した生活のシンボル）に例《たと》えて「有碗族《ヨウワンズウ》」とよばれている。公務員試験を受ける人たちは「考碗族《カオワンズウ》」。

「中国新聞社」の報道によれば、中国の結婚相手紹介サイトが発表した「結婚したい男性の職業ランキング」で、もっとも人気が高い職業は公務員であったという。

その理由は、公務員は安定しており、福利厚生も優遇されているから。決して大金持ちではないけれど、生活レベルは中流以上。企業の倒産やリストラが当たり前となった時代、何を置いても安定が一番、と考える女性が増えているのだろう。また、結婚後、夫に公務員試験を受けるよう勧める女性も少なくないようだ。

公務員にとっては、売り手市場の嬉しい世相といえるが、安定を求めて公務員になった男性を、安定しているからとの理由で追いかける安定志向の女性たち――。現実的といえば現実的だが、ちょっと夢のない話という気もする。

陪拼族《ペイピンズウ》(péi pīn zú)

陪拼族《ばいへいぞく》

ショッピングにおつきあいをする男性

「血拼《シュエピン》」をする女性に付き合わされる男性の総称。「血拼」は「shopping」の音訳で、現在、主として一定の経済力がある女性の羽振りのよさを表す。

「血拼」は、若い女性にとって、ストレスの発散手段。その気持ちは、日本人も理解できるだろう。

「陪拼族」は、夫や恋人である場合がほとんどだが、ときには同僚の男性が誘われることも。商品を選ぶときに、センスがよく、かたわらでアドバイスしてくれる「陪拼族」は、とくに重宝されているようだ。もっとも、単に付き合わされるだけではなく、支払いまでさせられるケースもあるかもしれない。

が、一方で「陪拼」が大嫌いな男性も少なくない。一緒にデパートには行くものの、「血拼」は女性に任せきり。自分はどこかに座って本を読みながら待つ人もいる。だったらはじめから付き合わなければ、とも思うのだが、なかなかそうもいかないのだろう。

「陪拼族の夫がいれば幸せ」と言う女性は多いが、口には出さないだけで、「陪拼族を求めない妻がいれば幸せ」と感じている男性も結構いるのでは。

光棍节《グワン グン ジエ》（guāng gùn jié）

光棍節《こうこんせつ》

シングルの日

いわゆる〈独り者デー〉の意味。11月11日という「1」がずらりと並ぶこの日が「光棍節」。1990年代に大学のキャンパス内で〈遊び〉として発生したものが、しだいに周囲を巻き込んだイベントとなり、現在の形になった。

恋人のいない男子学生が作ったとされるこの〈祝日〉は、大学を巣立つ卒業生とともに社会に広まっていった。もちろん、法定の祝祭日ではないが、ユーモアを込め、仲間に〈祝福〉のショートメッセージを送って楽しむことが、独身のホワイトカラーのあいだで流行《はや》りつつある。

「光棍節」の過ごし方はバリエーションに富んでおり、お互いにメッセージを送ったり、クラブでカップリングパーティーを主催したり、旅行社がカップリングツアーを組んだり、「愛情運動会《アイチンユンドンホイ》」といった独身者向けのイベントが開催されたりと、楽しみ方はさまざま。北京では、なんと地下鉄を使った大規模なお見合いイベントもおこなわれた。

異性との出会いに情熱を注ぐ独身者がいる一方、男性どうし賑やかに語り合って夜を明かし、独身の〈自由〉を享受している、さほど悲壮感がない独身者も。「光棍節」は楽しいイベントかもしれないが、願わくば、〈参加資格〉をもたない立場でありたい。

人造美女《レンザオメイニイ》（rén zào měi nǚ）

人造美女《じんぞうびじょ》

整形美人

２００３年、24歳の女性が２００日にわたって全身20数ヵ所の整形手術をおこない、中国における「人造美女」の第一号となった。費用は30万元（約４３０万円）。この手術の一部はマスコミに報道され、社会の大きな関心を集めた。

その後、中国に整形ブームが巻き起こったばかりでなく、テレビで彼女の変身ぶりを目にして影響を受けた韓国の若い女性までが、整形手術を受けようと北京に殺到する事態となった。

現在、整形は珍しくなくなり、夏休みや冬休みは、整形のピーク時期となっている。上海時光整形外科病院の廖玉華《りょうぎょくか》医師は、「国際金融危機による影響もなく繁盛《はんじょう》している。お客さんのほとんどはホワイトカラーだが、失業者もけっこう多い。彼らは時間があるため整形に来るのだろう。整形をする人の半分以上は就職を意識しており、今後の就職のため、（まずは外見から）競争力を備えておきたいのでは」と話している。

整形の専門家は「整形医は神様でなく、成功率は１００％ではない。むやみに整形しないよう」と警告しているが、整形ブームは衰える気配がない。ちなみに、究極の整形であるニューハーフは、妖怪を連想させる「人妖《レンヤオ》」。せめて〈人造女性〉くらいにできなかったものかと思う。

北大荒《ベイダアホァン》（běi dà huāng）

北大荒《ほくだいこう》

北京在住の30歳を過ぎても男性を知らない女性

「北大荒」とは、本来は東北地方の荒地をさす言葉だが、ここでの意味は異なる。「北」京に住み、30歳を超えた「大」人で、「荒《あれ》」地のごとく開拓されていない、つまり処女だということだ。

本当に処女であるかどうかの真偽はともかく、現時点で相手のいない30歳以上の女性がそのように言われる。２００８年に芥川賞を受賞した中国人女性作家、楊逸《よういつ》の「老処女」はそんな女性の悲哀を描いた作品だ。

彼女たちはホワイトカラー層で、大学を卒業してから、ずっと「小《シャオ》資《ズー》」（プチ・ブルジョア）生活を送っている。高級マンションに住み、移動手段はつねにタクシー。若い世代向けのカフェやブランドショップに出入りし、飲食やファッションへの消費は惜しまない。政治には関心がなく、他人との議論もなるべく避ける。

このように、一見、優雅に映《うつ》る彼女たちの生活ぶりだが、心は満たされていないということか。

「荒」地のごとく開拓されていない女性、とよばれているうちはまだマシ。いつまでも理想の条件を満たす相手が見つからなければ、心が「荒《すさ》」んだ女性という意味の「北大荒」になりかねない。

花心《ホアシン》（huā xīn）

花心《かしん》
浮気

おもに男性の浮気に使われる。浮気性なプレイボーイは「花花公子《ホアホアゴンズ》」とよぶ。

経済の発展と社会の変化にともない、中国人の人生観、結婚観も大きく様変わりした。ここ数年、「花心」する男性が急激に増えている。ひと昔前なら、世間体や批判を気にして、浮気は密《ひそ》かにしていたものだが、最近では〈公然の秘密〉というか、罪の意識さえ薄れているようだ。

中国では、男性が浮気すれば、夫婦喧嘩となり、離婚に至るのは当たり前の話。浮気男性の増加につれて、離婚率も高まっている。こうした風潮は、子どもの教育にも悪影響を及ぼしている。

最近、「外面彩旗飄々、家里紅旗不倒」（外には愛人が何人もおり、よく浮気するが、離婚はしない）という言葉が流行《はや》っている。愛人を何人も作っておきながら、うまく処理して、妻にはバレない――そんな出来すぎた話はないと思うのだが。

「花心」に類する言葉では、「一夜情《イーイエチン》」が挙げられる。その意味は、文字どおり〈ワンナイトラブ〉。伝統的な貞操概念が崩れた昨今、とくに若者のあいだでは珍しいことではないという。

それにしても、「花心」にしろ「一夜情」にしろ、不貞行為にしては、言葉が美しすぎるのでは？

黄昏恋《ホァン フン リィエン》（huáng hūn liàn）

黄昏恋《たそがれのこい》

高齢者の恋

人生の終着駅に近づいた高齢者の恋愛をさす。日本語でいえば、〈老《お》いらくの恋〉といったニュアンスになるだろうか。

中国では長きにわたり、伴侶を失った高齢者の恋愛や再婚はタブー視されてきた。とくに年配女性の再婚は、社会から白眼視《はくがんし》される傾向が強く、自分の子どもにさえ反対されるケースがほとんど。農村部では保守的な概念がいまだ根強いこともあり、あえて周囲の反対を押し切ってまで、大胆な恋愛に踏み切る人はまだ少ない。

しかし、改革開放の進展によって社会的価値観や倫理観が大きく様変わりしたいま、高齢者のライフスタイルや結婚観も変わってきた。高齢者の交流機会がだんだん多くなり、「黄昏恋」をする高齢者も増え、各地で高齢者向けの結婚仲介業者まで現れている。高齢化社会が加速するなか、こうしたシルバー世代向け産業は、ますます需要が高まるものとみられている。

いくつになっても男と女、恋する高齢者は生き生きと輝いている。「黄昏」の「恋」、なかなか味わいのある言葉ではないか。

青春期には青春期の恋、黄昏期には黄昏期の恋がある。

愛情帐户《アイチン ジャン フウ》（ài qíng zhàng hù）

愛情帳戸《あいじょうちょうこ》

恋し愛する二人の共同の預金口座

夫婦や恋人が共同で開設した預金口座をさす。もともとは台湾の流行語だった。

「愛情帳戸」を開設する目的は、男女がお互い、毎週一定の金額をこの口座に預金し、ある程度の額が貯まったのち、飲食や旅行に使うため。この約束に違反した側は、罰金を支払わなければならない。また、浮気などが原因で別れた場合は、「全額が裏切られた側に帰する」とのルールがあるという。

とはいえ、「愛情帳戸」は、あくまで自由意思にもとづく〈愛情基金〉であり、厳密なルールがあるわけではない。運用方法は、それぞれのカップルに委《ゆだ》ねられている。

思い立ってすぐに旅行資金を捻出《ねんしゅつ》するのは難しいこともあり、「割勘よりも、愛情あふれる感じがするし、便利なシステム」「単なる貯金よりは面白く、張り合いがある」と、男女ともに好意的に受け止めているようだ。

ただ、入金が滞《とどこお》ると、相手に「愛情が薄れたのでは」と疑われてしまうかもしれない。

异地婚姻《イーディフンイン》（yì dì hūn yīn）

異地婚姻《いちこんいん》

上海人とほかの地域出身者との結婚

上海では、上海人と上海人以外の人が結婚することを「異地婚姻」とよぶ。

上海市民政局の調査によると、２００６年の「異地婚姻」は５万５９９２組に達し、その後も増加する傾向にあるという。

たとえば20年前、上海人に地方出身者を結婚相手として紹介すると、たいていは拒否された。このエピソードは、「中国で最先端の都市に住んでいる」という上海人のプライドの高さを物語っている。プライドの高さとともに、多かれ少なかれ、地方出身者を軽んじる気持ちもあったのだろう。

しかし、同調査によれば、最近は、恋人の出身地はさほど重要ではなく、その人の人柄や能力、将来の成長の可能性などがもっとも重要な判断材料であると、多くの上海の若者が考えているという。背景には、深刻な結婚難の時代を迎えたという切実な事情があるのかもしれないが、時代の変化とともに、上海人の結婚相手を選ぶ基準が変わってきたことは確かなようだ。

「異地婚姻」について補足しておくと、逆に「プライドばかり高く、田舎者をバカにする上海人とだけは絶対に結婚したくない」という声が少なからずあるのも事実だ。

无效婚姻《ウー シャオ フン イン》（wú xiào hūn yīn）

無効婚姻《むこうこんいん》

婚姻届を出していない結婚

未婚ではあるが同棲《どうせい》しているカップルなど、いわゆる〈事実婚〉のことをさす。相手の重婚などが発覚し、婚姻が無効になる、という残念な状況ではない。

この20数年間、中国では「非法同居《フェイファトンジィ》」（違法な同棲）という言葉が広く使われてきた。１９８０年代末から使われはじめた「非法同居」という表現は、世間が未婚カップルの同棲を不道徳な行為であると考え、「非法」（違法）と厳しい言葉をつけることで、道徳的、倫理的な制裁を加えたものだ。

当時の社会では、未婚での同棲を、あたかも犯罪行為であるかのごとく位置づけていた。そのため、同棲中の未婚カップルは、小心翼翼《しょうしんよくよく》、周囲の視線をおそれ、顔も上げられない状態だった。

最近、この「非法同居」に取って代わって使われはじめている「無効婚姻」には、正式な婚姻としては認めていないものの、制裁的なニュアンスは感じられない。これは〈事実婚〉に対する価値観の変化といえるだろう。

「非法」から「無効」へ——この前進の意義は大きいが、10年後にはまたさらに〈既成〉といった「無効」に代わる新語が生まれているかもしれない。

急嫁族《ジージャアズウ》（jí jià zú）

急嫁族《きゅうかぞく》

急いで嫁になりたがる大卒者

就職氷河期の時代、就職に何度も失敗し、自信を失った多くの女子大生が、ついには先が見えない就職活動をあきらめ、結婚活動、いわゆる「婚活《フンフオ》」にチェンジするケースが増えている。

彼女たちは、結婚相談所を訪ねたり、ネットで結婚相手を募集したり、お見合いイベントに参加したり、その情熱は就活に勝るとも劣らない。このように、大学を卒業後、結婚を急ぐ女性たちを「急嫁族」とよぶ。

こうした「急嫁族」の行動を、「苦しい就職活動から逃げ出し、安易に結婚に走ろうとしている」と否定的に見る意見があることも事実だ。ただ、ニートのように初めから就職する意思がなかったわけではないので、これはやむを得ない選択である。

彼女たちは、完全に就職の夢を捨てたのではなく、「条件のいい男性と結婚したのち、相手の経済力と人脈を利用して、〈遠回り〉の就職をするのも悪くない」との野望も。とりあえずの結婚を将来の就職の手段とするあたりは、あくまで前向きかつ強《したた》かだ。〈永久就職〉も、就活といえば就活ではあるのだが。

恐丑症《コンチョウジョン》（kǒng chǒu zhèng）

恐醜症《きょうしゅうしょう》

醜いことを恐れる病

醜悪恐怖症《しゅうあくきょうふしょう》の意味。もちろん、女性に多い症状だ。「恐醜症」は自信の有無が左右する症状であるから、傍目《はため》には美人と思える女性も含まれている。

多くの女性は、自分の外見が美しくないことが魅力のなさに繋がっているのでは、と考えている。もちろん、外見を気にする女性ばかりではないものの、こうした心理が原因で心の病になり、ついには「恐醜症」にまで発展してしまうケースも少なくない。

「恐醜症」は、歪《ゆが》んだ心理状態で自分を見てしまうことに起因する。自尊心が大きく揺《ゆ》らぐことで、自分の身体の一部分を卑下《ひげ》しがちな心理状態になるのだ。

症状が重くなるにしたがって、「恐醜症」患者の多くは、ますます性格がひねくれ、人づきあいを避けるようになる。こうなると、醜悪恐怖症が対人恐怖症をも誘発しているわけだが、彼女たちのネガティブな気持ちを解きほぐし、自信を植えつけるのは難しい。

最近は美容整形が大ブームになっているというが、これは「恐醜症」の増加と無縁ではないだろう。過熱する〈拝美主義《はいびしゅぎ》〉が生み出した、一種の現代病といえる。

恐婚族《コンフンズウ》（kǒng hūn zú）

恐婚族《きょうこんぞく》

結婚が恐い人

結婚に対して恐怖を感じる人びとをさす。マリッジブルーの女性も、「恐婚族」の一派といえるだろう。

「恐婚族」が結婚を恐れる理由はさまざまだ。

平凡な結婚生活のなかで、結婚前のロマンチックな感情が色褪《あ》せてしまうのではないかと恐れる人もいれば、日に日に高くなる住宅価格や結婚費用といった現実的な問題に直面し、経済的な不安から、相手の幸せを保障できないことを恐れる男性もいる。また、自分に対してまったく自信がなく、「長期的な関係を続けていくことができない。結婚は自分にも相手にも害を与えるものだ」などと、ネガティブな考えにとらわれてしまう人も。

「恐婚族」に共通する傾向として、「何事も深く考えすぎ」「将来起こり得る問題を、早くから心配しすぎ」などの特徴が挙げられる。楽天的なタイプより、生真面目な人に多いようだ。

一生、結婚相手が見つからないかもしれないと悩んでいる人もいれば、「恐婚族」のような悩みもある。つくづく、結婚とは難しく、悩みの尽きないものだと思う。

全职先生《チュエン ジー シイエン ション》（quán zhí xiān shēng）

全職先生《ぜんしょくせんせい》

無職で家事一切をこなす男性

オールマイティーに家事をこなす〈専業主夫〉の意味。ちなみに、一般的な主婦は、「家庭婦女《ジャアティンフウニィ》」という。

上海社会科学院青少年研究所がおこなった調査結果により、上海では「全職先生」が少なからず存在していることが分かった。失業という不可抗力的な理由を除外すれば、21・4％の父親が、おもに育児や教育のため、自主的に仕事を辞めている。

彼らは、積極的に家事をこなすだけではなく、子どもが生まれてからは育児に全力を注ぎ、妻をサポートしている。最近の流行語でいうところの〈イクメン〉だ。「全職先生」が増えている要因は、「妻に任せきりはよくない」という父親としての自覚や責任感の高まりに加え、やはり女性の地位向上が大きく関係しているといえよう。

中国社会は「双職工《シュアンジーゴン》」（共働き）が当たり前。男性が一定の家事を分担することは当然の義務であり、日本人男性と比べ、家事能力は総じて高い。中国人男性の料理の腕前は、よく知られている。

〈無職〉でも家事に長《た》けていれば〈全職〉。彼らの〈失職〉は離婚を意味する。

已婚「单身族」《イーフン ダンシェンズウ》（yǐ hūn dān shēn zú）

已婚《きこん》「単身族《たんしんぞく》」

既婚の身でありながら、独身生活を送っている人

既婚の身でありながら、独身生活を送っている人をさす。

そんな彼らには、つぎのような共通点がある。自炊《じすい》することはめったになく、外食が多い。夫婦それぞれが自分なりのライフスタイル、ワーキングスタイルをもっている。家事はサービス業者に依頼する。どんな場面でも、既婚者としての身分を隠さない。

已婚「単身族」の大半を占めるのは、1980年以降生まれの「80後《バーホウ》」とよばれる若い世代だ。

これでは結婚している意味がないのでは、との感想を禁じ得ないが、それなりにメリットもあるらしい。多くの人が「一緒にいる時間が少なく、離れ離れの時間が多いことから、たまの貴重な共有時間をより大切にするようになった。争いが起こることは、まずあり得ない」と話している。

ドライな関係であっても、彼らの場合は、お互いの感情が冷めきっているわけではなく、基本的に夫婦円満。離婚に向けた段階の別居状態とはニュアンスが異なる。

独身と偽る既婚者が珍しくないなか、既婚者としての身分を隠さない、その姿勢がなかなか潔い。

半糖夫妻《バンタンフウチー》（bàn táng fū qī）

半糖夫妻《はんとうふさい》

週末婚カップル

同じ街で暮らしているが、平日は別居し、週末だけ一緒に過ごすカップルのこと。いわゆる日本の〈週末婚〉である。

高学歴・高収入の都市部に住む若い夫婦のあいだで流行している。大家族主義が当たり前だった、かつての中国社会では考えられない、まったく新しい結婚形態だ。

「半糖夫妻」のメリットは、夫婦それぞれがプライベートなスペースと時間をもつことで、結婚前の恋愛期間中のような新鮮な感覚を維持できる点にあると考えられている。

この言葉は、「半糖主義《バンタンジュウイー》」という歌が由来となっている。そこで歌われている内容は、「真に愛しているふたりは、毎日一緒にいる必要がない。愛は簡単に手に入れるものではなく、お互いに少しスペースを保ちあうほうが、いい呼吸で生活できる」――。

「半糖夫妻」という言葉を漢字から解釈すると、〈甘さ半分の夫婦〉となる。甘すぎない関係が、決して甘くはない結婚生活を長続きさせる要《よう》諦《てい》なのかもしれない。「糖」（砂糖）の抑制が倦怠期《けんたいき》を避けるための〈スパイス〉になっているようだ。

七厘散《チー リイ サン》（qī lí sàn）

七厘散《しちりんさん》

離婚をちらつかせ亭主関白の地位を保つ

「七厘散」とは、もともとはカリエスを治療する漢方薬の名前。が、「七厘散」の発音が「妻離散」と同じであることから、昔の〈三行半《みくだりはん》〉のように離婚をほのめかして妻を脅し、亭主関白の地位を保つ意味の「妻離散」の代名詞としても使われている。

中国の家庭は、ほとんどが共稼ぎ。ゆえに、男性もよく家事を手伝い、表向きは男女平等だといわれている。だが、家庭内で威厳を保ちたい男性もいないわけではない。そんな男性が使う手法が「七厘散」なのである。

「妻離散」の反対語は、恐妻家、カカア天下を意味する「妻管厳《チーグアンイエン》」。「妻管厳」の家庭では、妻が厳しく収入などを管理しており、夫が離婚をちらつかせて主導権を握るどころの話ではない。いつ離婚を切り出されるかと、つねに妻の顔色をうかがっている。

「妻管厳」は、「気管炎」（気管支炎）という病名の同音語。「七厘散」と同じパターンで、恐妻家やカカア天下は「気管炎」とも表現される。

日本の場合は、「七厘散」より「気管炎」の家庭が多い気がするのだが、いずれにせよ、夫婦関係の危機に有効な〈治療薬〉はない。

ラオ ゴン ジー ツン チュウ

老公寄存处（lǎo gōng jì cún chù）

老公寄存処《ろうこうきぞんしょ》

デパートにおける夫の避難所

妻の買い物に付き合わされるのを煩《わずら》わしいと感じる夫は少なくない。まだまだ「陪拼族」（別項参照）のような男性は少数派なのである。「老公寄存処」は、そんな男性たちを〈救出〉するために、大手デパートが特設した、〈夫の一時預かり所〉をさす。

買い物が苦手な夫たちは、ここで読書をしたり、絵画を鑑賞したり、コーヒーを飲んだり、タバコを吸ったりしながら、買い物に熱中する奥様たちの帰りを気長に待つ。

だが、すべての夫が、ここに預けてもらえるわけではない。なかには、本人が預けてほしいと切望しているにもかかわらず、妻がそれに同意せぬばかりか、「無責任だわ」と怒られてしまうケースもあるというから気の毒だ。

この手の男性は、おそらく財布の紐《ひも》も握られているに違いないから、つくづく大変だと同情を禁じ得ない。それにしても、デパートもなかなか味なサービスを考えるものである。

「自宅でゆっくりくつろがせてほしい」との自己主張さえもできぬ気弱な夫たちは、間違いなく「七厘散」とは無縁の「気管炎」だろう。

第4章

中国社会の闇と病巣

　いまの中国を光り輝かせているのが強大な経済力であるならば、蟠居する深い闇は、前述の格差社会と、一向に減少をみない腐敗・犯罪だ。ともすれば、輝きの強さに目を眩まされがちだが、腐敗の蔓延、犯罪の増加は、社会の安定を脅かし、中国の国際的なイメージをも失墜させている。これらの動機の大部分は、過剰なまでの拝金主義。〈経済大国〉と〈腐敗・犯罪大国〉――相反するふたつの大国化へ同時に突き進むなか、経済的な豊かさと精神的な貧しさのコントラストが、ますます鮮明になっている。

傾いた建物を指摘された男の言い訳は「ピサの斜塔だって傾いているんだから問題ないさ」　（「楼歪歪」より、提供：中新社）

「三非外国人《サンフェイワイグオレン》」（sān fēi wài guó rén）

「三非外国人《さんひがいこくじん》」

3つの法を犯している外国人

「三非」とは「非法入境《フェイファルウジン》、非法居留《ジイリウ》、非法就業《ジウイエ》」（不法入国、不法滞在、不法就労）のことである。

中国の経済力が高まるなか、「三非外国人」は年々増えており、北京、上海、広州などの大都市だけではなく、地方にも勢力を拡大している。

一口に「三非外国人」といっても、さまざまなタイプがみられる。窃《せっ》盗《とう》、強盗、誘拐などの犯罪に手を染める外国人もいれば、真面目に暮らしながら、中国に住み続けたい、と願っている外国人もいる。

「三非外国人」を構成しているのは、主としてアフリカ、南アジア、中東出身者である。同情すべき点はあるものの、北朝鮮からの脱北者も、「三非外国人」のカテゴリーに含めてよいだろう。報道によると、この10年間で、本国へ送還された「三非外国人」は、約6万3000人にのぼるという。

以前、広州市内で、アフリカ出身者が集まる場所へ案内されたことがある。現地の知人は「彼らが集まる場所は、治安が悪いです」と眉《まゆ》をしかめていた。

彼らの主目的は「金を稼ぐこと」であり、不法滞在者という立場上、できるだけ公安とは関わりたくないと考えている。よって、多くの人はトラブルを起こさぬよう静かに暮らしているのだが、一部で〈犯罪者予備軍〉との見方をされている事実は否定できない。

翻《ひるがえ》って、日本における「三非外国人」といえば、かつて中国人がクローズアップされていた時代があった。

彼らは、おもに福建省あたりから密航船を仕立てて海を渡り、夜陰に乗じて上陸。その後、中国人コミュニティーに紛れ込み、結局は「三非外国人」になってしまうケースがほとんどだった。この時代、密航者を手引きする犯罪組織、「蛇頭《シュウトウ》」（スネークヘッド）という言葉が盛んに使われた。息を潜めながら暮らす不法滞在者の生活は、ジャッキー・チェン（成龍）主演の映画「新宿インシデント」に詳しい。

ところが、ここ数年は、日本で「三非外国人」の話題をほとんど耳にしなくなった。彼らにとって、不景気から脱し切れない日本は、もう魅力的な渡航先ではないらしい。やがて中国で「三非外国人」になり下がる日本人が続出する時代が来るかもしれない。

「三非外国人」を追い出すもっとも有効な方法が摘発強化ではなく不景気とは、イソップ寓話の〈北風と太陽〉のような皮肉な話ではある。

山　寨《シャン ジャイ》（shān zhài）

山寨《さんさい》

コピー

「山寨」という言葉に対する理解には、まったく異なったふたつの意味が存在している。そのふたつの意味とは、「コピー、模倣の代名詞」と「草の根の精神の象徴」という正反対の解釈だ。

「山寨」のもともとの意味は、山の中の砦《とりで》や、盗賊が構《かま》えた根拠地などをさす。しかし、この言葉は最近、新しい形としてメディアやインターネットで広く使われている。それが前述の「コピー」などの意味だ。

具体的な用法としては、携帯電話をコピーした商品の「山寨手機《ショウジー》」、カバーした曲の「山寨歌曲《グウチイ》」などがある。「山寨文化《ウェンホア》」については賛否両論があるが、ネットユーザーのあいだではわりと人気があり、いまや社会で急速に浸透している。２００８年、「山寨」旋風は全国を席捲《せっけん》し、「山寨文化」の討論がネット上でのホットな話題にもなった。

「山寨」とは若干ニュアンスが異なるが、「コピー」「模倣品」を総称する言葉には「盗版《ダオバン》」がある。「盗版」の訳語は〈海賊版〉。中国は〈海賊版大国〉の一面もあり、当局は摘発に力を入れているのだが、著作権・知的財産権に対する概念が希薄《きはく》なこともあって、度重なる〈海賊〉の出没に手を焼いているのが現状だ。

「山寨」の山賊と「盗版」の海賊、コピーにまつわる言葉に、こんな共通点があるのは、なかなか興味深い。

傍名牌《バン ミン パイ》（bàng míng pái）

傍名牌《ぼうめいはい》

有名ブランドまがいのコピー商品

「傍名牌」とは、簡単にいえば有名ブランドのコピーだが、単なる商品そのものの〈パクリ〉ではない。有名な屋号や商標名などを、本家と酷似した名称で登録・使用し、市場と消費者に誤解や混乱を与える行為をさす。ブランド品を、直接は盗用しないが、作為的に商品の出所を混同させるような場合が多く、法律スレスレの巧妙な手口が多い。

具体的には、たとえば、「傍名牌」を目論《もくろ》む A 社が、有名ブランド B 社に名称が似たペーパーカンパニー C 社をダミーで設立する。問題の商品には、「B 社のライセンスを受け生産しました」といった注記があり、消費者は世界的に名を知られた B 社のライセンス商品だと誤解してしまうが、実際は完全なインチキ商品で、B 社とは何ら関係がない。

しかし、「傍名牌」が厄介なのは、そのインチキ商品が、本家 B 社が売り出している商品リストには存在しないものなので、商標権侵犯としては法的責任を問えないという抜け道が存在することだ。消費者の〈思い込み〉を悪用している点に、この犯罪の狡猾《こうかつ》さがうかがえる。続発する「傍名牌」をめぐるトラブルに対し、当局は取り締まりを強化しているが、前述の理由から、なかなかスンナリ立件できないのが現実だ。

「傍名牌」は、「名牌」（ブランド）に「傍」（寄りかかる）とのニュアンスなのだが、この「傍」は、〈食いものにする〉との解釈がふさわしい。

钓鱼执法《ディアオ ユイ ジー ファ》（diào yú zhí fǎ）

釣魚執法《ちょうぎょしっぽう》

悪質なおとり捜査

日本の警察でも、犯罪捜査の作戦のひとつとして、あえて容疑者を自由にさせて行動を追跡することを、〈泳がせる〉と表現するが、中国語のおとり捜査の場合は、〈魚を釣る〉という表現を用いる。

捜査機関または捜査機関に協力する第三者が、犯人と目星をつけていた対象者に犯罪の実行を働きかけ、犯罪が実行された現場を確認したうえ、犯人を検挙するという捜査手法をさす。おとり捜査のすべてが悪いわけではないが、こうした行為は言うまでもなく明らかな法律違反だ。

そもそも上海市が白タクの取り締まりを強化した際、白タク行為の通報者に５００元の報奨金を出すという制度を導入したのが発端だった。

上海で続発した「釣魚執法」事件は、大きな反響を呼び、警察への批判の声が高まった。のちに「釣魚執法」によって逮捕されたドライバーに関しては、処分取り消しという一応の決着をみたものの、問題の全容は明らかになっていない。白タク一掃の好機を逸し、批判まで受けた警察としては、〈逃した魚は大きい〉と臍《ほぞ》を噛んでいるのだろうか。

「釣魚」といえば、おとり捜査とは関係がないが、最近、「釣魚島」という形でこの文字を目にする機会が多いのではなかろうか。「釣魚島」は日本語の尖閣諸島《せんかくしょとう》の意味。いまとなっては、拿捕《だほ》された中国漁船が〈おとり〉との疑念も浮かび上がってくるのだが——。

躲猫猫《ドゥオ マオ マオ》（duǒ māo māo）

躲猫猫《たびょうびょう》

留置場での不審死

「躲猫猫」の本来の意味は、子どもの遊びのかくれんぼや鬼ごっこのこと。が、最近よくニュースで目にする「躲猫猫」は、留置場での原因不明の死亡事件という非常に重いテーマで使われている。

２００９年２月、森林の違法伐採容疑で刑務所に収監されていた24歳の男性が怪我を理由に病院へ送られ、入院４日目に死亡した。死因は「重度脳挫傷」。雲南《うんなん》省の晋寧《しんねい》県警察は、当日、男性が怪我をしたのは、同室の受刑者と刑務所内の中庭で「目隠し鬼ごっこ」をして遊んでいたとき、偶然に同室者が蹴飛ばし、壁にぶつかって事故を引き起こしたと説明。この荒唐無稽《こうとうむけい》な説明に対し、「監獄で鬼ごっことは、何とも和《なご》やかな話だ」「人が死ぬとは、鬼ごっこは恐ろしい遊びだ」といった皮肉とも批判ともとれる声が続出し、これを機に「躲猫猫」という言葉が、あっという間にネット上での流行語になった。

その後、調査結果が公表され、警察は「男性が『牢頭獄覇《ラオトウユイバア》』（牢名主）に殴られたときに頭部を壁に打ちつけ、これが原因で死亡した」と訂正。刑務所内でイジメがあったことを認めた。

同様の不審死は相次いで発生しており、その都度、真相究明を求める声が寄せられている。警察に都合の悪い不審死事件の犯人は〈かくれんぼ〉。こんな茶番ともいえる「躲猫猫」に付き合わされる庶民は不幸だ。

买官《マイグアン》(mǎi guān)

買官《ばいかん》

官位を買うこと

中国では、制限を受けない権力が暴利をもたらす情況が存在しており、一部の人は、手段を選ばず、権力を手に入れようと躍起《やっき》になっている。その方法のひとつが「買官」である。

実際、1990年代の半ばごろから、一部の地域では、公職の売買が見られるようになった。当局はこうした悪質な風潮に対して、断固かつ厳然たる措置を講じて対処しているが、いくら取り締まっても、イタチごっこのように後を絶たないのが現状だ。

「買官」「売官《ばいかん》」の現象は、幹部登用時における腐敗行為であり、分かりやすく言うと、金銭と権力の交易である。「買官」「売官」の蔓延《まんえん》に、国民は強い不満を抱いている。

こうした悪しき風潮を一掃するためには、人事管理制度を改革し、幹部登用の新たなメカニズムを策定することが急務。私利私欲にかられ甘い汁を貪《むさぼ》る「買官」や「売官」を厳しく処分しなければ、廉潔な政治は取り戻せない。

ちなみに、「買官」「売官」は中国語の発音が同じ。発音のみならず、その責任も同罪だ。

裸　官《ルオ グアン》（luǒ guān）

裸官《らかん》

海外逃亡のための手立てを用意している幹部

酒に酔って、裸になってしまった破廉恥《はれんち》役人のことではない。将来の逃亡に備え、妻と子どもを非公務で海外に定住させたり、外国籍や永久居住権を取得させたりしている幹部をさす。俗に「裸体官員《ルオティグアンユエン》」といわれ、その略称が「裸官」。

彼らが、わざわざ身内を海外に住まわせるメリットは那辺《なへん》にあるのだろうか。

その答えは、「裸官」について語った、温州《おんしゅう》市規律検査委員会関係者のコメントに隠されている。「『裸官』は、万が一、汚職などの犯罪行為が発覚してしまった場合、海外へ逃亡するのに都合がいいと考えている。たとえ自分の海外逃亡が失敗したとしても、少なくとも家族の安全と豊かな生活だけは確保できるのだから」。つまり、汚職がばれ、自身に危険が迫ったとたん、すばやく海外の家族のもとへ〈高飛び〉するという図式だ。

海外での一家の生活は、拐帯《かいたい》した大金があるので、贅沢を極めるという。まさに〈逃げ得〉の典型といえる。

悪事が露見したなら、謙虚に反省し、「裸」一貫、一からやり直す「裸官」が現れてほしいのだが。

跑《パオ》 官《グアン》（pǎo guān）

跑官《ほうかん》

官職や出世のためにかけずりまわる

官職の獲得、官位の昇進のために、手練手管を弄して奔走することを意味する。見苦しい役人の露骨な猟官活動は、日本も中国も変わらないようだ。

出世欲の強い役人が、その目的を達成するため、賄賂《わいろ》を使ったり、人脈やコネを利用したりと、あらゆる手段を尽くす例は中央、地方を問わず増えている。

大金で官位を買うことを「買官《マイグアン》」、賄賂を受けた官僚がその見返りに幹部に任命・抜擢することを「売官《マイグアン》」という。つまり、「跑官」は、「買官」と「売官」の利害が一致して、はじめて成立する行為といえる。そこに人民の利益は、まったく考慮されていない。

中国語の「跑」は、「走る」という意味。「走」は「歩く」を意味する。

人民の公僕であるべき役人は、私利私欲のためではなく、人民の利益実現のために汗を流して走るという意味での〈跑官〉にならなければならない。しかし、この手の役人は、逃げ足の〈跑〉だけ長けているというのが世の常だ。

楼歪歪《ロウワイワイ》（lóu wāi wāi）

楼歪歪《ろうわいわい》

手抜きによる欠陥建築

歪《ゆが》むという字からも分かるとおり、悪質な手抜き工事による欠陥建築をさす。

中国では、常識では考えられない粗悪な住宅が珍しくなく、メディアは「楼脆脆《ロウツイツイ》」（建物がもろい）、「楼薄薄《ロウバオバオ》」（使用建材が薄すぎる）、「楼抖抖《ロウドウドウ》」（建物が揺れる）、「楼垮垮《ロウクアクア》」（建物が倒れそう）などの言葉で表現する。

多くの市民にとって、住宅は血と汗の代償ともいうべき一生の買い物。欠陥住宅のニュースが相次ぎ報じられるなか、大切な家の品質や安全性は保障されているのか、住宅購入者の不安は高まっている。

上海で建設中だった分譲住宅のマンションが完全に崩落した事故、四川大地震の際の学校倒壊——人為ミスや手抜き工事による事故は、例を挙げればキリがない。工事費の水増し、流用などの汚職、現場管理の不徹底による手抜き工事については、「豆腐渣工程《ドウフジャアゴンチエン》」という言葉がある。直訳すれば、「おからの上に建てたように不安定な工事」という意味だ。かつて当時の朱鎔基《しゅようき》首相が江西省《こうせい》九江《きゅうこう》市を視察した際、洪水時に堤防決壊の原因となった手抜き工事を「豆腐渣工程」と激怒した。人の生命と財産に関わる「豆腐渣工程」の根絶を求める世論は根強い。史上最大規模の三峡《さんきょう》ダム工事の質にも、懸念の声が上がっている。

「楼歪歪」をめぐる事故は、すべて施工者の〈歪んだ〉心が引き起こした。

「虚高《シイ ガオ》」现象《シェンシアン》（xū gūo xiàn xiàng）

「虚高《きょこう》」現象《げんしょう》

水増し

国民経済の統計数字における水増しや粉飾報告をさす。この手の水増しは最近に始まったことではなく、毛沢東時代から連綿とつづいている悪しき習慣だ。

一部の地方幹部は、いわゆる「政績《ジョンジー》」（政治的業績）を追求するあまり、計画段階の数字や推測にもとづく数字を、実際の数字の代わりに上層部に報告している。その結果、実情に合致しない数字が罷《まか》りとおり、省や国の統計に重大な影響を与えている。

デタラメだらけの「虚高」現象を、なぜ根絶できないのか。それは、官僚たちが、自身の官位を守り、より高い官位を得るには、高い数字を報告する以外にないと考えているためだ。

現在、各地の政府は、粉飾報告、数字の改竄《かいざん》、虚偽報告を防ぐため、正しい統計の作成を妨害する幹部や責任者に対し、厳しい処分で臨むことを明言している。

また、一方では水増しとは反対の問題も。多方面から「虚偽報告では」との指摘を受けたインフルエンザ感染による死亡者や、暴動、震災による犠牲者などの数字は、実際より少なく発表されることが多い。こうした〈過少報告〉は「虚低」現象とでもよぶのだろうか。

献礼工程《シェンリーゴンチェン》（xiàn lǐ gōng chéng）

献礼工程《けんれいこうてい》

突貫工事で進めるプロジェクト

「国慶節までに完成させよう」「党大会への贈り物に」などといった調子の良いスローガンを唱《とな》え、その目標を実現するため、猛スピードで建設を進めるプロジェクトをさす。

こうした突貫工事は、ひとえに上級幹部の歓心を得るためのものだ。とにかく、工期が何よりも優先されるため、「献礼工程」によるプロジェクトは往々にして品質が保証されず、手抜きの欠陥工事になることが多い。

「記念プロジェクトは、百年の大計であり、品質保証こそ重要なのに」と厳しい批判が集中している。

北京五輪関連のスタジアムや上海万博関連のパビリオン、三峡ダムなどについても、市民の関心は非常に高く、「献礼工程」を心配する声が少なくなかった。この先、何か問題が露見すれば、「やっぱり『献礼工程』だったのか」と批判されることになろう。

工期を守ることは確かに重要ではあるが、それ以上に優先されるべきが安全性。どんな美辞麗句《びじれいく》を並べても、結局、のちに欠陥工事であることが判明したなら、〈非礼〉を〈献上〉することになるのだが。

医　托《イートゥオ》（yī tuō）

医托《いたく》

悪徳医師と結託したブローカー

病気を治してもらいたい一心で、大都市に名医を求めてやってきた人を騙《だま》し、暴利を貪《むさぼ》るブローカーをさす。

「医托」は、悪徳な医者と結託《けったく》し、病人の弱みに付け込んで金を騙し取る。同仁《どうじん》、協和《きょうわ》など、有名な病院に集まり、ターゲットを物色。言葉巧《たく》みにターゲットに近づき、病状を聞き出したうえ、そこで、自分がかつて名医に巡り合い、いかに少ない医療費で病気を早く治したかということを喧伝《けんでん》する。ターゲットがその話を信用すると、グルになった医者を紹介。ターゲットを病院へ連れて行き、本人の医療費から、30～50％の分け前を取るという手法だ。

「医托」がはびこる背景には、中国の深刻な医療事情がある。農村部では満足な治療が受けられないため、病人やその家族は、大都市の病院に殺到するが、診察を受けるためには、高額な医療費負担に加え、気が遠くなるような順番待ちをしなくてはならない。診察券を得るため、病人が病院前で夜明かしをするといった、不条理《ふじょうり》極まりない状況さえ日常化している。

こうした医療難民を食いものにする「医托」の存在こそが、まさに現代中国社会が抱える〈病巣〉といえる。

黒色经济《ヘイ スウ ジン ジー》（hēi sè jīng jì）

黒色経済《こくしょくけいざい》

ヤミ経済

　公金横領、賄賂、密輸、麻薬密売、買春、海賊版製造、マネーロンダリングなどをさし、「地下経済《ディシャアジンジー》」ともよばれている。明らかな犯罪、違法行為である点で、第7章で紹介する表面上には現れない経済活動の「隠形経済」とは性質が異なる。

「黒色経済」のなかでも、しばしば話題にのぼるマネーロンダリングは、犯罪者が違法に獲得した利益である「黒銭《ヘイチエン》」を〈漂白〉し、それを合法化する手段。中国では、たとえ経済犯罪であっても、額《がく》が大きく、悪質な行為と断罪されれば、死刑判決が下される。そのため、非合法経営、詐欺などによって収得した金は、すべて〈漂白〉を経て、収入源を隠蔽《いんぺい》する必要があるのだ。

　マネーロンダリングは中国で「洗銭《シーチエン》」。〈漂白〉にふさわしい表現でじつに分かりやすい。ただ、〈カネにイロはついていない〉との言葉もあるとはいえ、しょせん不正な金は、いくら洗ってみたところで、汚れが落ちるわけではない。

　政府は「洗銭」犯罪に対する取り締まりを強化しており、内偵によって、犯行グループが〈洗い出される〉ケースが増えている。

潜规则《チェングイズー》（qián guī zé）

潜規則《せんきそく》

暗黙の了解

ある業界、組織、団体、機関などで〈暗黙の了解〉となっている不文律のルールや慣例のこと。多くのケースで、金銭、権力、女性問題などが介在している。

これらの限られた世界では、たとえ法的に矛盾があったとしても、「潜規則」が優先される。ただ、あくまで〈暗黙の了解〉であり、必ずしも法に抵触《ていしょく》するものではない。

「潜規則」という言葉は、2001年に学者の呉思《ごし》が、自著「潜規則：中国歴史のなかの真実ゲーム」で初めて打ち出した概念である。呉は、「潜規則」の概念について、「規定にとらわれない慣わしがしだいに規範化され、広く一般に認められるようになったもの」と説明している。

「潜規則」の用法は幅広く、芸能界の〜、政界の〜、経済界の〜など、流行語として頻繁に使われている。「潜規則」が一般化する前には、「遊《ヨウ》戯規則《シーグイズー》」という言葉もあったようだ。これは直訳すると、〈ゲーム性のルール〉とのニュアンスになる。

濃密な人間関係が何より優先されるのが中国社会。一般人からの批判をよそに、特定のグループ内では「潜規則」を〈必要悪〉と位置づける声もある。

揺头丸《ヤオトウワン》（yáo tóu wán）

揺頭丸《ようとうがん》

エクスタシー（ドラッグ）

ドラッグの一種、エクスタシー（MDMA）の意味。俗に「迷魂薬《ミーフンヤオ》」ともよばれる。

「揺頭丸」を服用すると、快感が最高潮に達し、トランス状態になるといわれている。激しいリズムの音楽に刺激され、頭が知らず知らず揺れ動くことから、この名前がつけられた。

ディスコなど若者が多く出入りする娯楽場所で密売が横行しており、深刻な社会問題となっている。最初はこの白い錠剤が何たるかを知らず、騙されて服用してしまい、そのまま常習化するケースも少なくないという。

中国でもドラッグ汚染は広がる一方で、政府は厳罰をもって対策に力を入れている。外国人であっても減刑はなく、2010年、大連市で麻薬密輸の罪で日本人のブローカーに死刑が執行されたニュースは、その厳しさを証明する事例といえるだろう。

また、いまも中国で絶大な人気を誇る酒井法子《さかいのりこ》の逮捕劇は、「まさかあの清純派アイドルまでが」と高い関心を呼んだ。環境問題の章で紹介する「白色汚染」という言葉は、むしろドラッグ汚染をさすほうがふさわしいように思う。

饭《ファン》局《ジィ》（fàn jú）

飯局《はんきょく》

会食

食事会の意味。が、食事会といっても、仲間内で和気藹々《わきあいあい》と楽しむような会ではない。

中国式の食事会は、大切な社交手段のひとつ。相手に〈よそ者〉ではないことを伝え、相手を〈内輪《うちわ》の人〉とみなすことを目的とするものだ。

こうした場では、とりあえず仕事の話はさておいて、まずは食事をする。食事を優先することにより、焦って成果を得ようとする雰囲気《ふんいき》はなくなる。商談がうまくいかなければ、楽しくお酒を飲みつづければいい。そうすれば、お互いのメンツをつぶす恐れもないから、次回につなげることができる。

だが、中国では、公金を使った「飯局」が多いのも事実で、一部の幹部は接待「飯局」で多忙な毎日を送っている。明らかに「飯局」と分かる席で、昼間から赤ら顔の幹部も少なくない。以前、制服姿の公安が酩酊している場面を目撃したこともある。

これは公金を飲食に浪費する立派な腐敗。いつまでもなくならない幹部の「飯局」に、人びとはすっかり〈食傷〉している。

シュエ バー
血　覇（xuè bà）

血覇《けっぱ》

血液売買のブローカー

2～3年前、「中国老年報」が「上海に人血市場と『血覇』が現れた」と報じ、それからよく使われるようになった言葉だ。

毎年、農村から大勢の出稼ぎ者が大都市に押し寄せてくる。しかし、全員が首尾よく就職先や住居を見つけることができるわけではない。都会での生活に挫折した人の多くは、駅の待合室や地下鉄の通路に集まって生活している。

「血覇」は、こうした出稼ぎ者の窮状《きゅうじょう》につけこみ、「仕事を紹介する」などと甘言を弄《ろう》して彼らを誘い込み、血液を売るよう強制する。収入のない彼らは、売血以外に生きてゆく術《すべ》がない。売血を何度も強《し》いられたあげく、倒れる人も少なくないという。

また、貧しい農村でも、生活のために売血する人が多く、エイズ蔓延《まんえん》の主要な原因となっている。

閻連科《えんれんか》の小説「丁荘夢《ていそうむ》」は、村民の大半がエイズによって死滅してしまった河南省《かなんしょう》の〈エイズ村〉の惨状《さんじょう》に光を当てた意欲作で、当局から発禁処分を受けたものの、内外で大きな反響をよんだ。〈エイズ村〉は架空の設定ではなく、実際、河南省に実在する。

「血覇」は、貧しい人たちの生き血を吸う、血も涙もない現代の〈ドラキュラ〉だ。

贪《タン》内《ネイ》助《ジュウ》（tān nèi zhù）

貪内助《どんないじょ》

汚職行為を助勢する妻

夫の汚職行為を、陰からサポートする腐敗官僚の妻のこと。「内助」といえば聞こえはいいが、要は〈共犯〉ということだ。

賄賂を贈る側は、摘発逃れの思惑もあり、官僚本人ではなく、その家族を利用することが多い。「新製品のモニター」「子どもの進学祝い」など、さまざまな大義名分を口実に、金銭やパソコン、テレビなどの高級品を贈与している。

金品を受け取った妻は、先方の要望を受け入れるよう、夫に強く勧める。夫の汚職を、このように助勢するのが「貪内助」の典型的な構造だ。

メディアに報道された汚職官僚をめぐる事件のうち、ほとんどのケースで、その背後に「貪内助」の存在が指摘されている。甘い誘いは断固として拒否し、夫が不正を思いとどまるよう、全身全霊でサポートするなら〈内助の功〉なのだが。

贈賄《ぞうわい》の側にすれば、〈将を射んと欲すれば先ず馬を射よ〉ということか。なかなか老獪《ろうかい》な戦術ではあるが、夫婦仲が冷え切っている官僚の場合は、あまり効果がないかもしれない。

黒 哨《ヘイシャオ》（hēi shào）

黒哨《こくしょう》

八百長審判

スポーツの試合で、賄賂を受け取った審判が、アンフェアなホイッスルを吹く〈八百長《やおちょう》判定〉をさす。

とくにサッカーのリーグ期間中は、このような不正行為が黙認されているといわれ、ファンの不満や怒りが爆発している。ナショナルチームの実力低下とともに、こうしたダーティーな判定をめぐる疑惑の数々が、サッカーファンの情熱を失わせることとなった。

サッカーファンを対象にしたあるアンケート結果によると、51％が「サッカー界には『紅哨《ホンシャオ》』（公正な審判）よりも『黒哨』が多い」、44・1％が「『黒哨』の取り締まりを徹底的におこなうべき」と答えている。しかし、一方では、88・2％が「『黒哨』の取り締まりは、必ず途中で壁にぶつかるだろう」と予測しており、諦めムードも強いようだ。

最近、「黒哨」の用法は、サッカー界以外にも範囲が広がりつつあり、金銭や権力が介在した不正な行為全般を「黒哨」とよぶようになった。

心あるサッカーファンは、「黒哨」を吹く審判に〈レッドカード〉が突きつけられることを願っている。

水《シュイ》 货《フオ》（shuǐ huò）

水貨《すいか》

ニセモノ

もともとは「水路からの密輸品」の意味。南方の沿海地域でしか使われていなかったのだが、1990年代に入り、ニセモノ撲滅《ぼくめつ》活動が広く展開されるなか、ニセモノ全般をさすようになった。そのため、「水貨」には、「質が悪い」というイメージがつきまとう。

いまでは、品質の悪いもの、不合格製品など、あらゆる〈あやしいもの〉の前につけて、それがニセモノであることを表す。たとえば、「水貨公司《ゴンスー》」（ニセ会社）、「水貨膠巻《ジャオジュエン》」（ニセフィルム）など。

ただ、広義でニセモノをさすものの、正規輸入ルートを通さず仕入れた並行輸入品の総称として使われることも多い。

この場合の「水貨」の対義語は、正規ルートを通して仕入れた「行《ハン》貨《フォ》」。よって、メーカー保証がないだけで、必ずしも「水貨」の品質が悪いというわけではない。

〈ニセモノ大国〉という不名誉な称号がついて回る中国。いまや〈水路〉に限らず、さまざまなルートに乗って、大量のニセモノが全国に流通している。その流通ルートは巧妙に法の網をかいくぐっており、「水貨」を〈水際〉で阻止するのは難しい。

第５章

ＩＴの進化と頽廃

近年、新たに登場した言葉のなかで、もっとも目立つ漢字を挙げるならば〈網〉だろう。〈網〉とはインターネットの意味で、インターネットの普及が中国社会を根底から変えたといっても過言ではない。本格的な IT 時代の到来は、人びとの生活や便利さや彩りをもたらした半面、人間性を喪失した〈ネット依存症〉など、さまざまな弊害も顕在化している。よい意味でも悪い意味でも、国全体を覆うネット文化の〈網〉に、人びとが搦めとられている印象さえ受ける。

ネットで恋愛を楽しんでいるのか、ネットと恋愛を楽しんでいるのか――？
（「網恋」より、提供：中新社）

ワンルオチェンインジョン
网络成瘾症（wǎng luò chéng yǐn zhèng）

網絡成癮症《もうらくせいいんしょう》

ネット中毒

日本でも深刻な社会問題となっている〈ネット依存症〉を意味する。地方都市でもインターネットやネットカフェが普及している中国では、学業を疎《おろそ》かにしてネットカフェに入り浸《びた》たる青少年が急増している。その結果、多くの青少年が〈ネット依存症〉に仲間入りすることとなった。

現代の学生は、数々の不安や焦燥、苦悩を抱えており、バーチャル世界をとおしてストレスを発散し、刺激を求めている。そのことが、〈ネット依存症〉の学生を増加させるおもな要因となっているのだが、最近は学生だけでなく、成年が依存症に陥るケースも目立って増えてきた。

日本語では〈ネット依存症〉の訳語がふさわしいが、中国では、より病的なニュアンスが強い〈ネット中毒〉と表現することが多い。〈ネット中毒〉の定義は、ネットを繰り返し、過度に利用することで生じる一種の精神的行動障害をさす。ネット利用への強い欲望が生じた結果、ネットを利用できない環境に置かれたり、または利用回数が減少したりすると、イライラ、注意力不足、睡眠障害などの症状が現れるという。

ネットよってストレスを解消し、心に秘めた不快なことを忘れてしまうと、いきおい話し相手は少なくなる。さまざまな情報が氾濫するいまの時代、もはや情報獲得の手段をネットに求めざるを得ない。ネットシヨッピング、ネットサーフィン、ネットゲーム、ネット取引、チャットなど、ますますネットから離れられない環境がすでに醸成されている。

一口に〈中毒〉といっても、その症状は多種多様だ。「インターネット中毒診断標準」によれば、症状はおもにオンラインゲーム中毒、ポルノサイト中毒、コミュニティサイト中毒、情報サイト中毒、オンラインショッピング中毒の5種類に分類されるという。この〈標準〉では、中毒患者に対する診断および治療方法が明確に示されている。

このほか、最近は「盧舎族《ルウシュウズウ》」という言葉も頻繁に使われている。「盧舎」は〈loser〉の音訳で、伝統的な意味は「失敗者」。しかし、現在の新解釈は、ネット上でのチャットやゲームなどに惑溺《わくでき》し、まったく向上心をもたず、その日暮らしをする人たちをさす。

「盧舎族」もまた、「網絡成癮症」同様、急速に拡大している。学生は言うに及ばず、ホワイトカラー、政府部門のスタッフ、企業の高級管理職なども含まれているが、「盧舎族」であることを知られると、政府関係部門や企業から締め出されてしまうようだ。

いったんネット三昧《ざんまい》の生活にハマってしまうと、社会復帰は非常に難しくなる。実社会との〈アクセス〉方法をネットは教えてくれない。

网上购物《ワン シャン ゴウ ウー》（wǎng shàng gòu wù）

網上購物《もうじょうこうぶつ》

ネットでの買い物

ネットショッピングのこと。

中国国内の調査機構である艾瑞咨詢《あいずいしじゅん》と淘宝《とうほう》ネットが共同でおこなった「2008年ネットショッピング市場発展報告」によると、その取引額は1200億元で、前年同期比で128・5％の増加。そのうち、上海のネットショッピング取引額は165億元で、全国トップだった。

近年はインターネットの普及により、電子商取引が盛んになっている。中国のネットショッピング市場は、ここ10年のあいだに、めざましい発展を遂げた。

人びとがネットショッピングに夢中になるいちばんの理由は、とにかく品揃えが豊富だから。そして、わざわざ店に足を運ばなくても、自分が気に入ったものを安く手に入れられるのも魅力だ。思いつく限りのもので、買えないものはない。

安いものはわずか数元の特売のアクセサリーから、高いものは数万～十数万元のセダンまで、商品のラインナップは幅広い。ペットさえも買うことができる。ネットショッピングだけではなく、テレビの通販番組も大人気だ。深夜帯など、バストアップやダイエット商品などのCMを延々と流している。話す言葉が中国語でなければ、ほとんど日本の深夜番組と変わらない。

网《ワン》 商《シャン》（wǎng shāng）

網商《もうしょう》

オンライン経営者

ネットビジネスをおこなうオンラインショップ経営者。インターネットと電子ビジネスの発展にともない、ネットショッピングも一気に広まり、いまや一種のファッションとなっている。

ネットショッピングは、現代人の新しい生活方式として定着しただけではなく、関連産業の発展をも牽引《けんいん》しており、物流業はその代表例といえる。

だが、便利なネットショッピングにも問題がないわけではない。最大のネックは信頼度。ちゃんと商品は手元に届くのか、購入した商品の品質は間違いないのか――不安を抱く消費者も少なくない。もともと、中国人の買い物術は、しっかりとみずからの目で商品を見定め、何度も値段交渉をするスタイルが一般的だった。ネットショッピング市場の規模が拡大をつづけるなか、今後はこうした信頼度の向上が課題といえるだろう。

関連用語には、「網購《ワンゴウ》」（ネットショッピング）、「網貨《ワンフォ》」（オンラインショップの商品）などがある。

ネット関連の言葉には「網」という字が付くのだが、法律の〈網〉をかいくぐる悪徳業者には騙《だま》されないように――。

网络新贵《ワンルオシングイ》（wǎng luò xīn guì）

網絡新貴《もうらくしんき》

ネットで儲けた人

〈ネット長者〉の意味。

新経済時代において、ネットビジネスは急速な発展を遂げており、この経済の流れのなかで、時代の潮流に乗った実力者がつぎつぎと頭角を現している。ネット業界で巨万の富を築いた成功者を「網絡新貴」とよぶ。彼らはまさに時代の寵児《ちょうじ》。その思想もまた時代の先端を行っている。

世界の検索市場において第3位（中国市場では第1位）のシェアをもつ、検索サービス「百度《バイドゥ》」（Baidu.com）のCEOである李彦宏《りげんこう》氏は、「網絡新貴」の代表的人物。日本でいえば、かつてのホリエモン（堀江貴文《ほりえたかふみ》氏）や、楽天の三木谷浩史《みきたにひろし》氏ということになろうか。

ネット条件の完備、技術の向上にともない、その業務内容はますます多様化しており、ネット産業全体の発展を後押ししている。1980年代生まれの若い「網絡新貴」もすでに現れた。

若年化が進む、富と知の象徴である「網絡新貴」――。「新貴」の顔ぶれは、絶え間なく〈更新〉されている。

10年後には、いまの「新貴」たちが〈老貴〉（古株の長者）とよばれる日が来るかもしれない。

网《ワン》　恋《リイエン》（wǎng liàn）

網恋《もうれん》

ネット恋愛

インターネットを通じて恋愛することを意味する。日本の出会い系サイトに当たる。

日本の出会い系サイトはトラブルの温床となっているが、中国ではまだ悪質業者は日本ほど多くないようだ。

インターネット時代は、人びとに多くの利便性をもたらすと同時に、マイナスの影響も与えている。

たとえば、チャットでの交流。もともとは仲睦《なかむつ》まじい夫婦だったはずが、夫婦のどちらかがチャットに熱中するあまり、いつしか「網恋」、つまりネット恋愛中毒になってしまい、破局を招いてしまうケースも。出会いを提供する場の交流サイトが、多くの離別を生み出しているのは、何とも皮肉な現実だ。

もちろん、一方で「網恋」にはプラスの面もある。チャットがきっかけで、無二の親友や恋人ができ、そこから結婚にまで発展した成功例も。「網恋」は「婚活」の重要なツールとなっている。

ただ、恋愛のチャンスを求めるのが目的とはいえ、必死にパソコンに向かっている人たちの姿は〈ネット中毒〉とそう変わらない。人間よりも「網」（ネット）に「恋」するのが「網恋」なのか、との印象を受けてしまう。

在《ザイ》 線《シィエン》(zài xiàn)

在線《ざいせん》

オンライン

英語の「online」から意訳された新語で、インターネットの普及とともに広く使われるようになった。

この言葉が登場したばかりのころは「首都在線《ショウドウ》」「炎黄在線《イエンホアン》」などサイト名に用いられることが多かったのだが、さまざまな分野のサイトが相次いで開設されるにつれ、それぞれのコンテンツを表す言葉に「在線」がつけられるようになった。

たとえば、「愛情《アイチン》在線」(結婚相談)、「心理《シンリー》在線」(カウンセリング)のように名詞+「在線」で使うパターンが多い。このほか、「在線拍売《パイマイ》」(オークション)、「在線遊戯《ヨウシー》」(ゲーム)、「在線点播《ディエンボー》」(リクエスト)など、「在線」+動詞で使う例もある。

他分野にも「在線」は飛び火している。

あるテレビ局では、人生におけるさまざまな問題を討論する「人生《レンション》在線」という番組を放送しているし、日本を紹介する「JAPAN在線」、中国語学習の「中文《ジョンウェン》在線」など「在線」の用途は多岐にわたっている。インターネットを〈在線〉にすれば、さまざまなサイトの「在線」がオンパレードといった様相だ。

网《ワン》 聊《リャオ》（wǎng liáo）

網聊《もうりょう》

チャット

インターネットによるチャットの意味。「聊」という字には、「雑談する」という意味がある。

パソコンの普及にともない、「網聊」の利用者が急増している。中国で「網聊」が本格的なブームになったのは2006年以降。もっとも早く登場したQQをはじめ、MSN、ポポ、YAHOOツー、スカイピー、ワンワンなど、中国語によるチャット専用ソフトは10種類以上もある。

これらはチャット機能のほかに、ファイル転送やテレビ電話の機能もあり、非常に便利だ。また、最近はチャットソフトと通信会社がタイアップして、携帯メールへの送受信もできるようになった。

元来がおしゃべり好きな中国人は、友達との付き合いや、他者とのコミュニケーションを大切にする。中国で「網聊」が受けているのは、そんな国民性も関係しているのだろう。

ただ、こうしたコミュニケーションはやはり顔と顔をつき合わせて、という気がする。路地裏で老人たちが茶を飲みながら、日がな雑談している姿はじつに微笑ましい。

网上小说《ワン シャン シャオ シュオ》（wǎng shàng xiǎo shuō）

網上小説《もうじょうしょうせつ》

インターネット小説

インターネットに連載した小説のこと。

中国でネット小説は、すでに10年前から話題になっていた。作家はまずネット上に作品を公開し、読者の反応がよければ、出版社はその版権を獲得しようと競って名乗りをあげた。人気を集めるネット小説はドラマ化されたほか、ゲーム作品になったものも多い。「網上小説」ブームが広がりをみせるなか、最近は、小説家ではなく、〈ネット小説家〉を目指す若者が増えているという。

〈木子美〉と名乗る、ある雑誌社の編集者が立ち上げた「性愛日記」をはじめ、〈普緒客〉というペンネームを使った女子中学生による、ネット上の官能小説などが話題になっている。

ネット小説について、文芸評論家は「インターネットの発展は、文学愛好者に、文章を書く場と、発表する場の新しい世界を提供した。作家と出版社は、アクセス数を追求すると同時に、作品内容をとくに重視し、社会や読者に認められる良質な作品を創作していかなければならない」と述べている。

こうした若手作家の作品のみならず、いずれは日本同様、魯迅《ろじん》や巴金《はきん》ら文豪の名作が携帯電話などで簡単に読めてしまう時代が来るのだろうか。

雷人《レイレン》（léi rén）

雷人《らいじん》

強い驚きをあらわす

人の話す内容に驚いたり、理解できなかったりすることをいう。現代用語の「めまいがしそう」「返す言葉がない」「理解に苦しむ」といったニュアンスと考えればいいだろう。

強烈な驚きをあらわす「雷人」は、ネット上でもっとも頻繁《ひんぱん》に目にする新語のひとつであり、2008年のネット用語のうち、使用頻度がもっとも高い新語にも選ばれた。ネットでは、「雷人広告《グアンガオ》」「雷人髪型《ファーシン》」「雷人服装《フージュアン》」「雷人発言《ファーイエン》」などなど、幅広く使われている。使い方は簡単。驚きを感じた名詞の前に「雷人」を置けばいい。ネットユーザーの書き込みなどでも、好んで使用されているようだ。

最近は、テレビや新聞でもよく使われるようになり、たとえば「太雷人了」「被雷倒了」（びっくり仰天）といった、形容詞的な進化形の表現も登場している。

「雷人」という言葉の出所については諸説さまざまだ。江蘇《こうそ》省や浙江《せっこう》省北部地区の方言との説があるが、正確なことはわかっていない。

いまの世の中、日本も中国も、耳や目を疑うような、びっくり仰天させられるニュースばかり。しばらく「雷人」の文字が、ネットや新聞を賑わせることとなりそうだ。

拇指族《ムウジイズウ》（mǔ zhǐ zú）

拇指族《ぼしぞく》

親指でのキー操作にすぐれた人

いわゆる〈親指族〉のこと。

携帯電話のキーを親指で巧みに操作し、ショートメッセージをやり取りする〈親指族〉が中国にも少なくない。いまや若者のあいだでは珍しくない光景であるが、「長期間、小さなディスプレイを見つめ、同じ指だけを頻繁《ひんぱん》に使うことが体に悪影響を及ぼす」と指摘する専門家の声もある。

携帯電話の普及にともない、ショートメッセージの送信数は爆発的に増えている。用事があってもなくても、暇さえあれば、ショートメッセージの送信に余念がない――。これはもう〈中毒〉症状といえるが、往々にして、当事者には〈中毒〉との自覚症状がないようだ。

ショートメッセージの打ちすぎと人体へ与える悪影響の因果関係についてはまだ定説はないものの、何事もやりすぎは健康によくない。日本でも、「視力や思考力に影響を与える」と主張する学者もいる。

日本同様、〈親指族〉はとくに若い女性に多い。そのスピードとテクニックは、見事の一言だ。

休む間もなく親指を動かしつづける彼女ら〈親指姫〉は、いったい何を伝えたいのだろうか。

伊妹儿《イー メイ アル》（yī mèi ér）

伊妹児《いまいじ》

Eメール

電子（E）メールを意味する音訳。電子メールには、「電子信件《ディエンズシンジイエン》」「電子信函《ディエンズシンハン》」「電郵《ディエンヨウ》」「郵件《ヨウジイエン》」などさまざまな意訳もあるが、この「伊妹儿」という訳語は若者を中心に定着している。ちなみに、携帯のショートメールは「手機短信《ショウジードゥアンシン》」という。

人びとはインターネットの電子メールを通じて情報交換をし、遠方の友人と語り合い、見知らぬ人と交友する。ネットサーファンを満喫《まんきつ》するのは、若者にとって、一種のファッション的な意味合いもある。

ひと昔前、中国の友人と連絡を取り合う手段は、手紙か国際電話しかなかった。手紙もそれなりに味はあったものの、いまとなっては、不便さは否めない。パソコンの普及が日本と中国の距離をぐっと縮めてくれた。最近はメールの便利さが当たり前になってしまっているが、隔世《かくせい》の感を禁じ得ない。

「伊妹儿」という訳語には、ネット上を軽々と跳躍《ちょうやく》し、人びとの思いを乗せた電子メールを配達する、美しく活発な少女の姿のイメージが漂《ただよ》う。「伊妹儿」は、若者のネットに対する親近感が込められた、造語の傑作といえるだろう。

パイ ジャオ ショウ ジー

拍照手机（pāi zhào shǒu jī）

拍照手機《はくしょうしゅき》

カメラ機能のついた携帯電話

カメラつき携帯電話のこと。最近は観光地で、カメラのかわりに携帯電話を取り出す光景が一般的となった。中国の友人との記念撮影も、ほとんどが写メだ。

中国では、2002年10月から発売がはじまり、相場は6000〜7000元と高価だが、売れ行きは好調であるという。現在、市場で販売している「拍照手機」は、いずれもモトローラ、ノキア、松下、シーメンスなど海外大手メーカーの製品であり、この分野で、国内のメーカーは出遅れている。

若者に人気のカメラつき携帯だが、登場当初は社会的に物議を醸《かも》した。その理由は、盗撮の危険性を訴える意見が少なくなかったからだ。実際、盗撮画像がアダルトサイト上に掲載されるケースも現れており、当初の危惧が現実となっている。

浴場、プール、デパートの試着室など、盗撮のターゲットになりやすい公共施設の女性客からは対策を求める声が絶えず、各関係部門は対応策を急いでいる。カメラつき携帯は、人びとに便利さや楽しみをもたらすと同時に、不安を与えたことも事実だ。

网《ワン》　祭《ジー》（wǎng jì）

網祭《もうさい》

ネット墓参

清明節《せいめいせつ》（4月5日）は中国伝統の祭日で、この日は祖先の墓参りをする。日本のお盆やお彼岸のような日にあたる。

清明節の前後1週間くらいは、墓参りに訪れる人たちが殺到するため、例年、交通渋滞が発生している。

そこで近年、流行しているのが「網祭」とよばれるインターネット上での墓参りだ。帰省する時間がない人は、マウスの操作で簡単に花を供えたり、線香を焚《た》いたりすることができる「網祭」を選択している。

この「網祭」、簡便というメリットに加えエコでもある。マスコミは「低炭素な文明的祭祀方法だ」と盛んに喧伝《けんでん》しているようだ。

ただ、「実際に墓前で手を合わせなければ、伝統的祭祀の意義を失ってしまう」との批判的な意見もある。こうした意見に対し、「網祭」肯定派は「大切なのは、方法ではなく、先祖を敬う気持ち」と主張する。

一方、一家団欒《だんらん》で月餅《げっぺい》を食べるのが慣習の中秋節《ちゅうしゅうせつ》。このときも、多忙な人たちをネットの便利なツールが手助けしている。それは「電子《ディエンズ》月餅《ユエビン》」。ネット上の操作で、材料や味を選び、オーブンで焼き上げたのち、メッセージとともに送るもの。利用者は「月餅は年々値上がりしており、出費もバカにならない。また、ゴミも出ないのでエコな方法」と話す。「網祭」も「電子月餅」も、大切なのは気持ちということらしい。

刷博《シュアボー》（shuā bó）

刷博《さっぱく》

アクセスカウントの水増し

人を雇《やと》って「博客《ボークウ》」（ブログ）のアクセスカウント数を増やすこと。要するに、ブログのアクセス数の人為的な〈水増し〉である。

一説によると、一部のスターのブログのアクセス数は、「刷博」によってカウントされたものであるという。有名人だけでなく、一般人も自分のブログのアクセス数が多くなってほしいと思う気持ちは同じ。草の根文化から生まれたブログでありながら、「刷博」を通して、アクセス数を増やすケースが少なくない。

「刷博」を商売にしている人物は、「ネット上でカウント数が上位200位までにランクされるブログの大部分は、『刷博』によるもの」と暴露している。

ブログの知名度を上げるには、アクセス数を増やすことがもっとも手っ取り早い手段である。そのため、「刷博」のような不正行為が後を絶たないのだ。

「刷博」によって刻まれたカウント数は、いわば〈インチキ指数〉のようなもの。実数が見えないブログなど、開設者にとっても張り合いがないはず。日本なら〈水増し〉がバレれば〈炎上〉だ。

紅《ホン》 客《クウ》（hóng kè）

紅客《こうきゃく》

中国人ハッカー

コンピューターに不正に侵入するハッカーを「黒客《ヘイクウ》」というが、とくに中国人ハッカーのことを「紅客」とよぶ。

「紅客」は中国に約8万人いるといわれる。他国のハッカーに比べると、やや愛国主義的な傾向が強く、２００９年、複数の日本企業のサイトへ攻撃を仕掛けた「紅客連盟」は、共同通信社へ寄せた犯行声明のなかで、みずからを「祖国統一と国家主権を守り、外部からの侮辱に抵抗し、反中国的な空気に打撃を与える熱血青年たち」と称していた。

このほか、「中華黒客連盟」「中国鷹派」などのハッカー集団が知られている。「紅客」が関与した事件では、軍用機衝突事故後の〈米中ハッカー戦争〉や、日本の中央省庁の〈ホームページ書き換え事件〉などが記憶に新しい。

中国でのハッカー騒動といえば、米国の大手検索サイトであるグーグルが中国市場からの撤退を決めた大きな理由のひとつでもある。「黒客」も「紅客」も〈招かれざる客〉であることに違いない。「国のため」と称してサイバーテロに明け暮れるよりも、「緑客《リイクウ》」（環境に優しい人）を目指したほうが、真に国のために貢献できると思うのだが。

视《シー》 频《ピン》（shì pín）

視頻《しひん》

動画

動画の意味。人気の動画サイト、「ＹｏｕＴｕｂｅ」は、中国でも広く視聴されている。

「視頻」という言葉は、数年前から使われはじめており、当初は個人が作ったユーモアのある作品がインターネットサイトに掲載されるケースが多かったのだが、ここ最近は、テレビ局やラジオ放送局、各業界の専門的なサイトにまで広く登場している。さらに、携帯電話向けの「視頻」サービスもはじまり、今後ますます人びとの生活に大きな影響を与えそうだ。

いまも政治的に敏感な話題には、厳しい監視の目を光らせている中国。新聞やニュース番組しかツールがなかった時代には、一般の人が、当局によって報道規制をかけられた暴動などの話題を知ることは不可能だった。しかし「視頻」の普及が状況を一変させた。最近はリアルタイムで動画サイトにアップされているため、報道規制は徐々に有名無実化しつつある。

為政者たちは、時代の変化を〈映す〉「視頻」の発展を苦々しく感じているのではなかろうか。

垃圾邮件《ラー ジー ヨウ ジイエン》（lā jī yóu jiàn）

垃圾郵件《らぎゅうゆうけん》

迷惑メール

迷惑メールのこと。

「垃圾郵件」には、発信元不明の怪しげなメールのほか、広告・宣伝のダイレクトメール、イタズラメールなども含まれる。「垃圾」とは、「ゴミ」の意味。日本語も迷惑などというユルい表現ではなく、ズバリ〈ゴミメール〉とよぶほうがいいように思う。

携帯電話やパソコンの普及にともない、最近は迷惑メール被害が増加しており、ユーザーを悩ませている。関係部門によると、毎日の「垃圾郵件」送信数は平均6～7億件に達しており、なんと1度に18万件が送信されたケースもあるという。

「垃圾郵件」は増える一方だが、送りつけられる側とすれば、着信拒否設定くらいしか対抗手段がなく、悪質業者の摘発にも限界があるのが現実だ。以前、中国人の知人にパソコンの着信履歴を埋める大量の迷惑メールを見せてもらったことがある。「うかつに開くと、ウィルスに感染するおそれがあるから」と、ほとほと困り顔だった。

〈ゴミ処理問題〉はメールの世界でも深刻なようだが、自分の力では減らせないゴミだけに、なんとも厄介な存在といえる。

高清频道《ガオチンピンダオ》（gāo qīng pín dào）

高清頻道《こうせいひんどう》

ハイビジョンチャンネル

「高清影視頻道」（ハイビジョンチャンネル）の略称。

中央テレビ局（ＣＣＴＶ）では、２００６年1月1日から、全国50都市の有線テレビネットでこの「高清頻道」が開通した。現在、内外の映画やドラマ作品を中心に放送されている。

また、毎年恒例の春節（旧正月）特別番組「春節晩会《チェンジエワンホイ》」のほか、サッカーのワールドカップやアジア競技大会など、主要なスポーツ大会もハイビジョン放送で中継することになっている。今年、北京のスポーツバーでサッカーW杯南ア大会を観戦する機会があったのだが、さすが「高清瀕道」、迫力満点の画面に圧倒された。

このチャンネルの使用料は、月額１２０元（約１６００円）。ＮＨＫ受信料と比較すると、中国の物価水準からして、やや割高な印象もあるが、高い人気を集めているようだ。

中央テレビ局は、国のお抱え放送局。ハイビジョン放送によって、クリアな画質を提供するだけにとどまらず、都合の悪い事実は放送しないという従来の姿勢を改め、真実がくっきり〈クリア〉に見える放送を期待したい。

彩《ツァイ》 铃《リン》（cǎi líng）

彩鈴《さいれい》

着信メロディー

携帯電話の使用時、呼び出し音の代わりに流れるメロディー、いわゆる着メロのこと。日本と同じく、人気歌手のヒット曲などが使用されることが多い。

ヒット曲に限らず、「彩鈴」の内容は多彩だ。個性ある独創的なメロディーが人気を集めており、すでに北京地区だけで「彩鈴」ユーザーは100万人を突破している。

また、「彩鈴」ユーザーの急増を受け、最近は「彩鈴」を制作する仕事も需要が高まっている。着メロ作りのプロである彼らは、「彩鈴人《ツァイリンレン》」とよばれる。統計によると、全国で「彩鈴」業務に関連する従業員は、4〜5万人にのぼるという。

中国では、バスや電車の車中、公共の場でも、大声で話すのは当たり前。日本のように、声を潜めたり、あとでかけ直すという習慣がない。電源を切る人はまず見当たらず、マナーモードにしている人さえ少ないため、人が大勢いる場所では、あちこちから賑々《にぎにぎ》しく着メロが響いてくる。日本だとかなりイラっとする状況だが、中国にいると不思議と不快に感じないのは、喧騒《けんそう》が似合うお国柄のせいだろうか。ただ、親しい友人には「日本ではマナーモードにしたほうがいいよ」と教えてあげるようにしている。

三维动画《サン ウェイ ドン ホア》（sān wéi dòng huà）

三維動画《さんいどうが》

3Dのアニメーション

コンピューター技術を応用して作られた、縦、横、高さをもつ三次元のアニメーション。つまり、最近話題の3Dアニメをさす言葉だ。3Dブームは、アニメに限らず、3D映画の「AVATAR」も空前の大ヒットを記録した。

中国のアニメ制作費は、だいたい1分間あたり1万～1万5000元であるのに対して、テレビ局の買い取り価格は、1分あたり約8元にすぎない。現状においては、まったく採算に合わない状態であり、高額なコストを補填《ほてん》するために作品に関連する製品を開発し、販売するビジネスモデルが模索されている。

制作会社の関係者は「授権《じゅけん》するという形でアニメブランドを確立する必要がある。これにより、連環《れんかん》する中国アニメの産業構造が初めて形成され、外国アニメキャラの市場独占状態を転換できる」と今後の課題を指摘する。

中国のアニメ産業は、まだ産声《うぶごえ》をあげたばかり。成熟した市場とはいえないが、その市場潜在力は計り知れない。アニメ大国である日本の技術を学びながら、飛躍的に成長していくものとみられる。

いずれ3D分野で中国が世界に〈飛び出す〉日が来るかもしれない。

ショウ ジー シン ウェン
手机《ショウ ジー》新闻《シン ウェン》（shǒu jī xīn wén）

手機新聞《しゅきしんぶん》

携帯新聞

中国語の「新聞」はニュースを表し、日本でいう「新聞」は「報《バオ》」という。

最近、中国では、携帯電話を通じて新聞を読む人が増えている。そのため、新聞メディアは相次ぎ自社の「手機新聞」を開設。毎日、定期的に購読者へニュースの配信をおこなっている。

2004年7月、「中国婦女報」は「彩信《ツァイシン》」（マルチメディアのショートメッセージ）という中国初の「手機新聞」を出し、大きな話題を呼んだ。その後、「北京青年報」をはじめ数社が「中国婦女報」に追随《ついずい》して創刊するなど、「手機新聞」はさらなるバージョンアップをつづけている。

中国における携帯ユーザー数は、2008年時点ですでに6億人を突破した。なおも成長が見込まれることから、「手機新聞」の発展の余地も非常に大きい。

このほか、パソコンの新聞サイトでニュースを閲覧・検索する人も多く、IT文化が進化を遂げるなか、紙媒体としての新聞が衰微《すいび》していく状況は、日本と変わらないようだ。〈新聞〉という意味では、リアルタイムにニュースを速報できる「手機新聞」に紙媒体は太刀打ちできない。

等离子电视《ドンリーズディエンシー》（děng lí zǐ diàn shì）

等離子電視《とうりしでんし》

プラズマテレビ

昭和30年代、経済白書が「もはや戦後ではない」と宣言したころ、日本社会では「白黒テレビ」「洗濯機」「冷蔵庫」が〈三種の神器《じんぎ》〉とされていた。経済成長著しい中国では、これらの製品はもはや高級品とは見なされない。

ここ数年の高所得者層の台頭によって、いまは「豪華な住宅」「高級車」「プラズマテレビ」が新たな〈三種の神器〉となっているのだとか。中国メーカーでは、ハイアール（海爾）のテレビの人気が高い。

とくに「等離子電視」とよばれるプラズマテレビは、北京五輪特需もあって、大きく売り上げを伸ばしており、家電量販店を覗《のぞ》けば、各メーカーの商品が百花繚乱《ひゃっかりょうらん》の様相だ。「家電下郷」（別項参照）の対象商品でもあり、農村でも購買力をもつ人が増えている。

中国市場は、すでに高級品時代に突入した。そうしたなか、多くの海外企業が、中国市場開拓のピッチを上げ、この活気に満ちた新興市場において、商機を逃すまいと目の色を変えている。

プラズマテレビ人気は、そんな高級品時代の到来を鮮明に〈映し出して〉いるようだ。

双向收费《シュアン シアン ショウ フェイ》（shuāng xiàng shōu fèi）

双向収費《そうこうしゅうひ》

中国の携帯電話料金システム

日本人にはちょっと理解しがたいのだが、中国では携帯電話の使用システムが、「双向収費」となっている。「双向収費」とは、電話をかける方と受ける方が、両方とも通話料金を支払うこと。以前はこのシステムを知らず、ケチな中国人の知人から「用もないのに電話をかけないで」と注意を受けたことがある。「時代遅れの理不尽なシステムだ」と不満を訴える意見が少なくない。

かつて、携帯電話がまだ社会的ステータスや財産の象徴だと考えられていたころ、1台が5000元もした。「双向収費」はその当時の情勢に鑑みて考案されたシステムだ。

その後、携帯電話の急速な普及にともない、現在の相場は1台2000元前後にまで下がったものの、依然として「双向収費」のシステムは変わっていない。これは、携帯電話市場拡大の最大のハードル、ボトルネックとなっている。

今後、「単向収費《ダンシアンショウフェイ》」（かけるほうだけが料金を負担するシステム）が実現すれば、携帯電話市場は、さらなる爆発的な発展が期待できるだろう。実際、業界は「単向収費」への流れに傾斜しつつある。

時代は変わり、「単向収費」を求める利用者からの〈コール〉が増えつづけている。

第6章

進む環境汚染、高まるエコ意識

かつて高度成長期の日本では、経済発展ばかりを優先するあまり、公害問題という手痛い代償を余儀なくされた。いま、まさに高度成長期の只中にある中国では、当時の日本と同じように、自然破壊や環境汚染の問題が、各地で相次ぎ報告されている。個人レベルではエコ意識が着実に高まっているものの、経済発展と環境保護——国家にとって二律背反的なテーマのどちらに重きを置くかは政府の舵取りに委ねられる部分であり、今後、国民のみならず、世界の耳目が中国に向けられることになろう。

砂嵐は猛虎より凶暴だ（「沙塵暴」より、提供：中新社）

桑拿天《サン ナー ティエン》（sāng ná tiān）

桑拿天《そうだてん》

猛暑

気温が37～39度の蒸し暑い天気を意味する。

「桑拿」はサウナの音訳。あたかもサウナに入ったかのような、不快指数の高い天気を「桑拿天」とよぶ。

地球温暖化にともない、夏の平均気温は年々高くなっている。日本同様、中国も今夏の暑さは厳しかった。

かつて夏場の猛暑が尋常ではない南京《なんきん》、重慶《じゅうけい》、武漢《ぶかん》の3都市を〈三大ボイラー〉と称した。近年は気象情報局が「桑拿天」に入ると宣言する機会も増えており、今後は〈○大ボイラー〉にかわり、〈○大サウナ〉という呼称が定着するかもしれない。

年々、「桑拿天」の訪れはますます早く、その日数もますます多くなっている。「桑拿天」の増加で、電力使用量が増え、頻繁に都市部の電力不足問題が発生するようになった。

こうした状況からも、温室効果ガスの削減に努めるなど、「桑拿天」減少に向けた対策は、もはや一刻の猶予もない。サウナで汗を流すのは快適だが、サウナ現象で流すのは不快な汗。これ以上の温暖化を食い止めるための努力で〈汗を流す〉ことがこれからの課題だ。

沙尘暴《シャー チェン バオ》（shā chén bào）

沙塵暴《さじんぼう》

春の砂嵐

砂嵐の意味。北京の春は短いが、人びとの印象に深く残るのは、やはり「沙塵暴」だろう。北京では、3月から5月にかけて、砂嵐がもっとも激しい季節となる。

毎年、この時期になると、吹き荒れる砂嵐が市民生活の脅威となる。ひどい時には、空が黄色に変色し、視界が完全にふさがれ、あらゆる隙間から砂が入り込むため、部屋じゅうに砂のにおいが立ち込める。薬局のマスクはあっという間に売り切れ、インフルエンザの蔓延《まんえん》時さながら、街はマスク姿の人だらけとなる。当然、空港も閉鎖され、飛行機の欠航が相次ぐ。このように、「沙塵暴」の襲来は、人びとにとって、迷惑以外の何物でもない。ただ、北京地区の「沙塵暴」は、以前に比べ、状況が改善されてはいるようだが。

近年は黄砂《こうさ》が風に乗って日本にも届き、汚染物質の含有《がんゆう》が疑われるなど、環境への影響が懸念されている。

中国とは一衣帯水《いちいたいすい》の距離にある日本。風に乗って運ばれてくる黄砂を防ぐ手立てがない以上、中国政府と一体となって、砂漠化を防ぐための植林事業に協力するなど、積極的な取り組みが重要だ。「沙塵暴」の問題は、決して〈対岸の嵐〉ではない。

绿色食品《リウスウシーピン》（lǜ sè shí pǐn）

緑色食品《りょくしょくしょくひん》

無公害食品

食の安全への不安が叫ばれるなか、健康志向、エコ意識が飛躍的に高まり、安心・安全が売りの無公害食品である「緑色食品」がにわかに注目を集めている。

中国政府は1989年に「緑色食品」の概念を打ち出し、1990年に中国緑色食品発展センターを設立。「緑色食品」の基地建設、基準制定、対外輸出などの業務を逐次展開した。「緑色食品」のマークは、太陽、葉、蕾《つぼみ》の3つの部分から構成されている。

「緑色食品」に対し、「黒色食品《ヘイスウ》」もある。「黒色」の文字から、「緑色食品」とは対照的な、ダーティーな食品とのイメージを受けるが、実際の意味は、天然色素が比較的濃く、栄養豊富で、人体に効能のある黒っぽい色をした食品のこと。黒ゴマ、黒米、黒なつめ、黒大豆、黒キクラゲ、コンブ、シイタケ、烏骨鶏《うこっけい》などが「黒色食品」のカテゴリーに含まれる。

ちなみに、「緑色食品」は、見た目がグリーンの野菜を総称するものではない。「黒色食品」であっても、無公害の安全基準を満たしていれば、「緑色食品」ということになるわけだ。

白色汚染《バイスウウーラン》（bái sè wū rǎn）

白色汚染《はくしょくおせん》

白い色のゴミ

農業用フィルム、包装用フィルム、ビニール袋、レジ袋、発泡スチロール容器、割り箸といったゴミの総称。透明状のものや白っぽいものが多いので「白色」とよばれる。

使い捨ての割り箸を例に挙げると、毎年、450億膳《ぜん》を消費しているが、これに要する樹木を2500万株伐採し、森林面積を200万平方メートル減少させているという。発泡スチロール容器の消費量は、毎年120億個。ひとり当たりで換算すると、約10個の消費となる。

こうしたゴミが路上に投げ捨てられ、大量に散乱する光景は、街の美観を大きく損《そこ》ねている。また、発泡スチロール容器に入った車内販売の弁当を、食べ終わったあとに列車の窓から捨てる行為も珍しくない。そのため駅構内や線路脇も、かなり「白色汚染」に侵食されている。

ゴミを減らすには、回収も重要な手段だが、回収率はかなり低く、プラスチックの回収率は9・6％、中古紙と板紙は15％にすぎない。毎日処理されているゴミのなかで、食品パックとビニール袋だけで約1000トンに達する。

これ以上、美しくない〈白い世界〉が広がらぬよう、社会全体のゴミ問題に対する関心が高まってほしい。

绿《リウ》 客《クウ》 (lǜ kè)

緑客《りょっきゃく》

スマートかつクリーンな生き方の人たち

生活に対して情熱をもち、流行の健康法を追い、アウトドアスポーツを好み、公益事業を積極的にサポートする。このように、環境や自分自身にやさしい人を「緑客」と称する。

ちょっと定義づけが難しい言葉ではあるのだが、不健康、悪習慣とは無縁の人たち、と解釈すればよいだろうか。

典型的な「緑客」のライフスタイルを紹介すると、多忙な仕事の寸暇《すんか》を割いて週に2回はジムに通《かよ》い、無公害食品（「緑色食品」）を食べ、天然素材による洋服を着る。タバコは吸わず、禁煙・無煙環境の創造に熱心だ。また、ゴミ問題への関心も高く、ゴミの減少に努め、しっかりゴミの分別・回収をおこなう。さらに、被災者や社会的弱者など不幸な境遇の人たちへの同情と支援を忘れず、グローバルな視野ももっている。

そもそも中国語で「緑」がつく言葉は、だいたいよいイメージで使われるのだが、こうした特徴を並べてみると、「緑客」は非の打ちどころがない人たちのように思えてくる。〈グリーン〉な人たちは〈クリーン〉な生き方をモットーとしているようだ。

ゾウ バン ズウ

走班族（zǒu bān zú）

走班族《そうはんぞく》

徒歩通勤者

歩いて通勤する人たちをさす。

ちなみに、中国語の「走」は「歩く」の意味。「走る」は「跑」と表現する。

毎日、パソコンの前に長時間座り、仕事に忙殺《ぼうさつ》されるホワイトカラーには、ほとんど運動する時間がない。また、交通渋滞が慢性化、深刻化していることから、通勤の所要時間が読めない、という不便な事情もある。

その点、徒歩通勤は、運動不足解消にも健康増進にも通勤ラッシュ回避にもなる。歩けばメタボ解消に効果があり、スマートな体型も維持できる。「走班族」人口が増え続けているのは、こうした多くのメリットがあるからだ。ただ、北京や上海など大都市の場合、お世辞にも空気がきれいとは言えないから、爽快《そうかい》な朝の散歩、という感じにはならないのだろうが。

中国での通勤風景といえば、かつては自転車集団が路上を埋め尽くしていたのを思い出す。クルマ社会となった近年は自転車集団をあまり見かけなくなったが、健康志向の高まりを受け、「走班族」とともに、〈自転車通勤族〉が復活するかもしれない。

慈善垃圾《ツーシャンラージー》（cí shàn lā jī）

慈善垃圾《じぜんらきゅう》

役に立たない慈善機関からの品物

海外の慈善機構から寄付された品物のことで、直訳すれば〈慈善ゴミ〉との意味になる。

品質検査総局によると、最近、米国ＡＧＡＰＥ基金会が中国に寄付した医療器械、注射器、手術用品は、ほとんどが廃棄品や老朽品、有効使用期限切れのものだったという。結局、これらの寄付された品々は、中国の検査検疫部門によって、すべて焼却処分された。また、米国ＬＤＳ基金会から寄付された基準に満たない医療器械などについても、返品に関する税関手続きを進めているとのこと。

善意の寄付が素晴らしい行為であることに異論はないが、残念ながら、「タダであげるのだから、不要になったものでかまわないだろう」と考える人が少なくないのも事実だ。世界各地で貧困者の支援に尽力している作家の曽《そ》野《の》綾《あや》子《こ》も、著書「貧困の光景」のなかで、「寒さをしのげる実用的な衣類が欲しいのに、フリルのついたドレスばかり送られてくる」と現場との〈温度差〉を嘆いていた。

せっかくの善意が「慈善ゴミ」などとよばれぬよう、物品リストの〈分別〉は送ってしまう前に、しっかり確認しておくべきだ。

藍天计画《ランティエンジーホア》（lán tiān jì huà）

藍天計画《らんてんけいかく》

青空を取り戻す環境運動

〈青空計画〉のこと。北京など都市部では、大気汚染を解消し、青空を取り戻そうという環境運動が展開されている。

北京市で「藍天計画」が提唱されたのは１９９８年。この運動は当初、「藍天保衛戦《ランティエンバオウェイジャン》」（青空防衛戦）という物々しい呼称でスタートした。当時、年間を通じて青空が観測されたのは、わずか１００日程度にすぎなかった。この結果に、大気汚染に対する危機感がにわかに高まったのである。

その後、２００８年に北京五輪開催を迎えるにあたり、「藍天計画」が大々的に展開された。当局は一定の成果をアピールしたものの、総体的にみれば一連の環境改善対策は、期待したほどの効果が上がっていない。今年、北京の黄砂日数は、昨年より多くなるとみられている。同様に万博が開催された上海でも「藍天計画」が成果を上げたといわれるが、なかには「万博が終わってしまえば、元の汚れた空に戻るだろう」との冷ややかな意見も。

北京に限らず、上海の慢性的なスモッグなど、最近の大都市の空は、晴天にもかかわらず白く霞《かす》んでいることが多い。青空を失った都市は、人びとを沈鬱《ちんうつ》で〈ブルー〉な気持ちにさせる。

返璞族《ファンプウズウ》（fǎn pú zú）

返璞族《へんはくぞく》

自然に戻ろうと考える若者たち

物質文化を否定し、自然回帰を志向する若者をさす。バー、カラオケ、ナイトクラブなどの娯楽に興味を感じなくなったホワイトカラーが増えているという。彼らは週末になると喧騒《けんそう》渦巻く都会を離れ、農村で自然を観賞することに癒《いや》しを求めている。とはいえ、農村への移住を決意するほど都会生活を嫌悪しているわけでもない。

最近はこうした「返璞族」の願望を満足させる、物質文化に毒されていない農村の魅力を売りにした〈農村観光〉が大ブームだ。彼らは、農家に泊まったり、農家の家庭料理を食べたり、プチ農村体験を満喫《まんきつ》している。

こうした〈農村観光〉は、「返璞族」に限らず人気を集めている。〈農村観光〉ブームは、急速に潤いのない乾いた社会に様変わりしてしまったことへの反動現象なのだろうか。

「返璞族」は、日常生活においても自然回帰の意識が強く、食材から家具まで、天然の素材にこだわる。ストレス社会に生きる多くの若者が、都会生活に疑問を感じ、自然を欲するのは、ごく〈自然〉な感情といえる。

节能住宅《ジエノンジュウジャイ》（jié néng zhù zhái）

節能住宅《せつのうじゅうたく》

省エネ住宅

建設部のデータによると、中国の建築面積は都市部と農村部を合計して400億平方メートル以上に達するが、約95％が高エネルギー消費の建築で、建築時に要するエネルギー消費が、社会全体の末端エネルギー消費の約30％を占めているという。

このデータからも、建築時の省エネ（保温機能、節水、節電に優れていること）は喫緊《きっきん》の課題といえる。建設部は、各地の新規建築に50％の省エネを厳守させ、四大直轄《ちょっかつ》市（北京、上海、天津、重慶）が率先して省エネ65％を達成するよう求めている。また、既存建築物の改造で、2020年までに、建築の省エネ面で、3億5000万トンの石炭（原単位）の節約目標も掲げている。

しかし、現状において、建築物の省エネはほとんど重要視されていない。住宅購入者は価格、居住環境、交通条件ばかりを考慮し、省エネ指数は軽視しがち。開発業者は目先の利益ばかり追求する。関係当局は政策的な支援体制に目を向けない。このような問題が山積しているからだ。

要するに、省エネを実現しようとする、消費者、住宅業者、関係部門の〈エネルギー〉が不足しているのである。

低炭生活《ディタンションフオ》（dī tàn shēng huó）

低炭生活《ていたんせいかつ》

二酸化炭素削減をめざす生活

日常生活のなかで、二酸化炭素の排出削減をめざすことをさす。エコ時代を象徴する言葉といえる。

最近は人気女優ジョウ・シュン（周迅）など、「低炭生活」の実践をPRする〈エコ芸能人〉も少なくない。

近年、中国人の多くが環境問題に関心を寄せており、みずからの実際の行動によって身近なところから地球温暖化の改善に貢献したいと考え、地球に優しい「低炭生活」を始めている。

たとえば、エネルギー節約タイプの家電製品を使う、自動車に乗らずに歩く、自転車や公共交通を利用する、生活用水を循環的に再使用する、使い捨ての食器をできるだけ使わない、交換や寄付などの方法で不要な生活用品を処理する――といった取り組みだ。「低炭経済《ジンジー》」「低炭技術《ジーシュウ》」「低炭製品《ジーピン》」など、「低炭」がキーワードとなった言葉もつぎつぎと生まれている。

環境汚染が深刻化する中国において、つぎは国レベルでの〈減炭政策〉を期待したい。市民レベルからこうしたエコ意識の萌芽がみられるようになったのは、大いに歓迎すべきこと。環境問題においても、大切なのは〈まずは隗《かい》より始めよ〉である。

三化草地《サン ホア ツァオ ディ》（sān huà cǎo dì）

三化草地《さんかくさち》

「退化」「砂漠化」「アルカリ化」した草地

かつて中国各地には、遊牧民族が暮らす緑の大地が広がっていた。近年、その草原の砂漠化が急速に進行しており、「退化」「砂漠化」「アルカリ化」した草地は「三化草地」とよばれている。

「三化草地」のさらなる進行を食い止めるため、牧草地を囲い込んで植生を回復させる、禁牧、休牧、輪牧（草原地帯をいくつかの区域に分けて順繰りに放牧すること）をおこなう、人工草原を作る、飼料基地を造成する、家畜を小屋内で飼育する――などの方策が講じられている。が、一度〈不毛の地〉と化してしまった土地を甦らせるのは容易なことではない。長いスパンでの地道な取り組みが必要だ。

中国には、国土の総面積の41・7％を占める、約4億ヘクタールもの広大な草原がある。とくに北部地区の草原面積は3億余ヘクタールに達しており、東西に4500キロメートル以上も続く緑の自然保護ベルト地帯は、中国や中央アジア諸国にとって、重要な生態障壁としての機能も果たしている。

〈三化〉の〈緑化〉は、環境問題を考えるうえで、不可欠なテーマといえる。

绿《リウ》色《スウ》出《チュウ》行《シン》（lǜ sè chū xíng）

緑色出行《りょくしょくしゅっこう》

クリーンな環境を意識しての出勤形態

直訳すれば〈グリーン通勤〉。つまり、省エネ、汚染削減、健康増進を意識した通勤スタイルが「緑色出行」の概念だ。

都市部における自動車保有台数の急増が、エネルギー消費、空気汚染、交通渋滞など、一連の問題を引き起こしている。北京の幹線道路の大渋滞は、今夏、とくに大きく報じられた。

北京、上海、広州などの大都市で、自動車が排出する一酸化炭素、炭化水素、窒素酸化物、微粒浮遊物質が占める比率は、それぞれ80％、75％、68％、50％にも達する。改めて説明するまでもなく、空気汚染の最大の元凶になっている。

「緑色出行」を意識した都市生活者は、できるだけ地下鉄、電車、バスなどの公共交通機関の利用を励行《れいこう》している。また、やむなく自動車を利用する場合は、相乗りによって空席率を減らす努力をしている。空気がよく、そう遠くない距離ならば、徒歩や自転車で通勤する人も少なくない。

こうした「緑色出行」は、〈グリーン〉という訳語より、〈クリーン〉と表現するほうがふさわしいかもしれない。

第7章

新時代、新ビジネスの表と裏

新しい時代は、新しいビジネスの需要を創出する。ひと昔前の中国を思い起こしてみると、共産主義を標榜する社会において、個人事業主が登場しただけでも新鮮な驚きを覚えたものだ。もちろん、そんな時代はすでに昔語り。かつて中国経済の中枢を担っていた国有企業も、一部の優良企業を除いては、いまや時代遅れの象徴的存在として位置づけられている。労働形態の選択肢が増えた一方で、厳しい競争社会の流れも止まらない。新しいビジネスの数だけ、成功と挫折がある。

「官僚資産公示制度」のスローガンも虚しく、懐からは「灰色収入」がポロポロと――　（「灰色収入」より、提供：中新社）

过劳模《グオラオモー》（guò laó mó）

過労模《かろうも》

働き過ぎの模範的労働者

1日平均10時間以上働き、休日はほとんどなく、睡眠不足のうえに、食事も不規則。共産主義の手本的存在である「労働模範《ラオドンモーファン》」にも劣らない〈模範的勤労者〉をさす。

北京師範大学が北京、上海など4大都市でおこなった調査結果では、ホワイトカラーの7割が「過労模」だという。外資系広告会社に就職したある女性は、「新しい会社に勤めてから、夜10時前に帰宅することはない。毎日の残業は2時間を超え、睡眠は6時間以下」と話す。彼らが一心不乱《いっしんふらん》に仕事に取り組む姿勢は、伝統的な意味での「労働模範」にも引けをとらないため、「過労模」などと皮肉られているのだ。

北京師範大学心理学院の許燕《きょえん》教授は、「現在、都市部では『過労模』の現象が増える一方だ。残業する人の業種は、従来の教師、警官、医師などから一般のサラリーマンにまで拡大している。北京、上海、深圳、広州の4大都市の『過労模』の現象は非常に突出しており、そのうち、深圳の民間企業、中小企業にとくに多い。過剰労働の傾向が顕著で、従業員の転職が目立っている」と指摘する。

かつて日本の高度成長を支えた〈モーレツ社員〉を彷彿《ほうふつ》とさせる「過労模」たち。「過労模」の最後の一文字を「死」に置き換えれば「過労死」。寝食を忘れ、必死に働く彼らの姿はどこか切ない。

紅眼航班《ホンイェンハンバン》（hóng yǎn háng bān）

紅眼航班《こうがんこうはん》

睡眠時間中に運航するフライト

〈寝不足フライト〉という意味で使われる俗語。とはいっても、〈寝不足〉なのは乗客のほうで、パイロットではないのでご心配なく。

そんな航空便の代表的な例が、毎日早朝に新疆ウイグル自治区のウルムチを発ち、北京、上海、広州へ向かう新疆航空のフライトだ。早朝出発で乗客のほとんどが寝不足のうえ、機上で過ごす時間が長いため、みな疲労のあまり目を真っ赤に充血させている。「紅眼航班」という言葉は、こうした状況から生まれた。

ビジネスマンの便を図るため、「紅眼航班」だけではなく、「夕発朝至《シーファジャオジー》」（夕方に出発、朝に到着）の〈寝不足夜行列車〉も運転されている。こちらは「紅眼航班」に比べれば、まだラクそうだが。

運輸関係者によれば、「乗客は肉体的には厳しいかもしれないが、経済的・時間的メリットがあるため、これらの便は人気を集めている」とのこと。日本でもかつて、ブルートレインは〈走るホテル〉とよばれ、時間を有効に使いたいビジネスマンに重宝がられていた。

日々、時間に追われ、赤い目をこすりながら奮闘するビジネスマンたちが、中国の発展を支えているのである。

卧舱式旅店《ウォツァンシーリイディエン》（wò cāng shì lǚ diàn）

臥艙式旅店《がそうしきりょてん》

カプセルホテル

日本式のカプセルホテルの中国版。

中国におけるカプセルホテルの出現は、中国初のゴールデンウィークとなった2000年のメーデー直後だった。この期間中、北京を訪れた観光客は爆発的に増加し、ホテルは超満員になったのだが、そうしたなか、北京駅近くの好立地に、従来にはないスタイルのカプセルホテルが誕生して話題を集めた。

定員は36人と少なかったものの、長さ約2メートル、幅・高さ約1メートルのカプセル内には、寝具、テレビ、目覚まし時計、換気扇などを完備。ただ、客同士の交流には不向きなため、団体旅行客には敬遠されており、また高齢者にも使い勝手が悪いので、その評価はさまざまのようだ。まだ平日は客が少ないのだが、立地条件には恵まれているので、一定の顧客がついているという。

それにしても、狭いスペースに大量の宿泊者を詰め込むコンセプトのカプセルホテルは、狭い日本ならではの発想であり、広大無比《こうだいむひ》な中国に、日本式のカプセルホテル文化は馴染《なじ》まないような気がする。ちなみに、中国の「旅店」は、外国人は宿泊できない、狭く古い簡易旅館のこと。カプセルホテルより狭いベッドが、びっしり詰め込まれている。

人材租赁《レンツァイズウリン》（rén cái zū lìn）

人材租賃《じんざいそちん》

人材派遣

「人材租賃」などと書くと、ちょっと人材が軽く扱われているようなイメージを受けるが（「租賃」とはレンタルの意味）、その意味するところは人材派遣のこと。

人材派遣はいま、新興ビジネスとして、大きな将来性があると注目されている。

現在、北京の人材派遣会社は数百社にのぼる。正社員になるのが難しい時代ということもあり、昨年だけで、数万人が派遣社員として採用されているという。

上海市嘉定《かてい》区では昨年、40社に２４０人が派遣された。が、派遣会社の説明不足により、「通勤が遠すぎる」「派遣社員は会社で差別される」といった苦情が続出する事態に。また、保険や労災、契約解除などをめぐるトラブルもしばしば発生しており、「人材租賃」が確かな規範にもとづいた業種に成長したとは言い難い。今後の課題として、業界内の規範整備の必要性が指摘されている。

人材派遣には不況が生んだ新しい労働スタイルとの一面があるので、トラブルの内容は日本も中国もあまり変わらない。

空中教室《コンジョンジャオシー》（kōng zhōng jiào shì）

空中教室《くうちゅうきょうしつ》

テレビ授業

　通信教育でテレビ授業（またはインターネットによるオンライン授業やラジオ授業）を受けることを意味する。とくに優秀な教師を集め、各学年に応じた専門テーマを提供している。

　新型肺炎（ＳＡＲＳ）が猛威《もうい》を振るった２００３年、北京の小中学校は、１ヵ月にわたって休校を余儀なくされた。この間、子どもが勉強を続けられるよう、「空中教室」が５月６日から開講。教育部によれば、毎日１００万人の子どもたちがテレビやラジオ、パソコンを通じて「空中教室」の授業を受けたという。

「空中教室」という言葉だけを見ると、教室がふわっと浮いているかのごときイメージを受けるのだが、電波が空中を伝わって飛んでくるから「空中教室」。「空中教室」の開講は、ＩＴ産業の発展を促進しているという側面もあるようだが、これからの時代の新たな授業スタイルとして、さらなる進化を遂げていくものとみられている。

　いまや「空中○○教室」という表現は一般的で、台湾には日本のＮＨＫラジオ講座に相当する人気番組「空中英語教室」がある。

　ただ、いずれにせよ〈先生〉が不在のスタイルだから、サボりぐせのある生徒には向かないような気が——。

仲《ジョン》介《ジエ》服《フウ》务《ウー》（zhòng jiè fú wù）

仲介服務《ちゅうかいふくむ》

仲介サービス

留学希望者に、外国の大学を紹介して必要な書類を提供したり、各種手続きを代行したり、賃貸物件を手配したりする仲介サービスのことを「仲介服務」という。

現在、中国では「仲介費《フェイ》」を出せば、欲しい情報を手軽に手に入れられる「仲介服務」が大人気だ。

「仲介服務」を提供する会社は「仲介服務公司《ゴンスー》」とよばれる。「留学《リウシュエ》仲介公司」「移民《イーミン》仲介公司」など、利用者の目的に応じた、さまざまな仲介会社が登場している。

だが、なかには詐欺を働く「黒《ヘイ》仲介公司」もある。

深圳にある「カナダ移民仲介会社」は、代表的な「黒仲介公司」として知られる。1999年以降、約3000人を騙《だま》し、1000万元（約1億4000万円）を詐取した。

ひと昔前に比べれば、かなり状況は改善されたとはいえ、中国の場合、海外留学が日本ほど簡単ではない。ビザはおろか、その前にパスポートを取得するだけでも煩《わずら》わしい諸手続きが必要とされる。悪徳な「仲介服務」がはびこる背景には、こうした事情があるのだ。近年は日本への〈お見合いツアー〉の仲介業者も増えているが、単なるブローカー的な組織が少なくない。

海归派《ハイグイパイ》（hǎi guī pài）

海帰派《かいきは》

学問や技術を身につけ海外からもどった留学生や技術者

海外から帰国した留学生、技術者をさす。また、彼らを生まれ育った海に帰ってくるウミガメにたとえ、「海帰派」と同じ発音の「海亀派」ともよぶ。

帰国後の「海帰派」による創業は、中国の経済と人材市場に新鮮な活力をもたらした。彼らは、高い学歴、海外で身につけたハイテク技術を有しており、経営管理経験や多くの国で学んだ文化的素養、国際的ウォッチャーとしての視点などが高く評価され、人材市場での人気を独占している。

ＷＴＯ加盟後の中国は、経済発展がめざましく、海外で創業するよりもチャンスが多く、将来展望は明るいといわれている。すでに創業、または就職した「海帰派」のうち、成功した例は多く、近代化建設の牽引役となって活躍している。ただ、厳しい就職難の時代を迎え、「海帰派」といえども安泰ではなく、苛烈な競争にさらされ始めているようだ。

亀の動きはスローモーだが、優秀な〈海亀〉たちの行動は素早い。彼らは、競争が厳しい中国社会の大海を泳ぎきるパワーに加え、時代の変化に即応できるスピードをも兼ね備えている。

电荒《ディィエン ホアン》（diàn huāng）

電荒《でんこう》

電力不足

「荒」は「不足」というニュアンスを表す言葉で、「電気の使い方が荒い」ことを意味するわけではない。関連用語には、「油荒《ヨウホアン》」（ガソリン不足）、「煤荒《メイホアン》」（石炭不足）などがある。

経済の急速な発展にともない、多くの地域で電力不足が顕在化《けんざいか》しており、電力供給の問題を解決するため、電力部門は、電気使用ピークの時間帯に使用量を制限する対策を講じた。その結果、多くの企業が断続的な生産休止を余儀なくされ、稼働時間を夜間と休日に変更するなどの対応策を迫られることとなった。

依然として「電荒」の状況が改善をみないなか、中国政府は2010年5月4日、電力消費基準を満たさない企業を対象に〈懲罰性電気料金〉を適用する方針を明らかにした。これは2010年までを対象期間とする第11期5ヵ年計画における、省エネルギー、温室効果ガス排出削減目標達成に向けた政策の一環。関係部門が定める生産量当たりの電力消費基準を超過した企業に対し、割高な電気料金を適用するもの。

電力は産業発展の生命線。本格的な節電対策に〈スイッチ〉が入ったようだが、その成果はいかに。

隐形经济《インシンジンジー》（yǐn xíng jīng jì）

隠形経済《いんけいけいざい》

ヤミの経済

文字から理解すると〈隠れた経済〉。つまり、政府の管理・コントロールを逃れた、ヤミの経済活動を意味する。

「隠形経済」は、国の公式な統計データに盛り込まれることはなく、したがって、実態を把握することは難しい。が、一説によれば、その規模は、GDPの15～20%に相当するともいわれている。

「隠形経済」の中心は、納税されないグレーゾーン領域の資金である「灰色《ホイスウ》経済」だ。その一部は政府の管理下におかれない経済活動であり、社会的に直接的な損害を与えることはないが、国の税収を大きく左右することとなる。

高度成長期は、管理と発展のアンバラスが生じやすくなるため、いきおい「隠形経済」が蔓延《まんえん》する土壌が容易に醸成《じょうせい》されてしまう。1980年代中ごろから1990年代中ごろにかけてが、中国における「隠形経済」の高度成長期だった、と指摘する意見もある。

不透明な部分が可視化されることが望ましいのは言うまでもないが、一方で、もはや「隠形経済」抜きの経済活動はあり得ない、との〈必要悪〉的な考えをもっている人も少なくない。

灰色收入《ホイスウショウルウ》（huī sè shōu rù）

灰色収入《はいいろしゅうにゅう》

副収入

表向きの職業で得る給料以外、副業によって得る副収入のこと。原稿料、株の配当などの収入をさす場合が多い。

「灰色収入」は、最近まで認められていなかった。以前は、周囲の視線を避けて、こっそりアルバイトする人が多かったという。

通常の給料やボーナス、まっとうな労働で得る報酬を「白色収入《バイスウ》」という。これに対し、汚職、賄賂、リベート、横領などの不正な手段で得る収入は「黒色収入《ヘイスウ》」とよばれる。「灰色収入」は、「白」と「黒」の中間の位置付けとなるわけだが、その定義が曖昧模糊《あいまいもこ》としている面は否定できない。

今春、全人代での政府活動報告のなかで、温家宝《おんかほう》首相が「違法な収入についてはしっかり取り締まり、『灰色収入』については規範化されるべき」という表現を使って物議を醸した。政府トップが公式の場で「灰色収入」に言及するのは異例のこと。「灰色収入」のルール化を目指そう、との趣旨だったのだが、最終的には報告から記述が削除された。すでに提案された政府報告が、修正・削除されるのは前代未聞であり、政府としての「灰色収入」に対する微妙なスタンスを物語っている。

一部の人の「灰色収入」は、本職の収入より多いとも。しかし、副業も度が過ぎると、〈灰色〉が黒ずんでいく場合もある。

九《ジウ》点《ディエン》现《シェン》象《シャン》（jiǔ diǎn xiàn xiàng）

九点現象《きゅうてんげんしょう》

夜9時まで営業時間をのばすこと

ここ数年、繁華街のデパートは、すべて営業時間を夜9時まで延長している。

一般の日常生活用品店だけでなく、建材店、家具店、装飾用品店なども9時まで営業しており、これを「九点現象」と称する。「九点」とは「9時」の意味。

しかし、これまでは、日本の秋葉原に当たる北京のハイテクIT基地、中関村《ちゅうかんそん》は例外だった。そうしたなか、最近になり、中関村電子街の「鼎好電子《ていこうでんし》商城《しょうじょう》」が率先して営業時間を9時に延長し、利用客の好評を得ている。

同店が営業時間延長に踏み切ったのは、ホワイトカラーが退社後、いろいろな店に立ち寄ることが、ストレス発散の手段となっているから。

かつての中国社会では、夜9時ともなればみな帰宅していたものだが、時代の変化とともに、人びとの活動時間も長くなった。いまの時代、夜の9時などまだ宵の口。9時に店が閉まっていたなら、「サービスが悪い」ということになりかねない。

一部の人にとって、夜間の消費活動は、日常生活の欠かせない一部分。この先、「九点現象」が「十点現象」に変わる日も近いだろう。

美丽产业《メイリイチャンイェ》（měi lì chǎn yè）

美麗産業《びれいさんぎょう》

美容・化粧品産業

市場の拡大がめざましい「美麗産業」は、外資系企業にとって、もっとも魅力をもった産業になりつつある。多くの企業が、毎年、数百億元規模の販売額が見込まれるこの巨大市場を虎視眈々《こしたんたん》と狙っており、激しい利益争奪戦を繰り広げている。

近年は若い人だけでなく、中高年女性も美容を重視するようになった。中高年の消費が伸びていることもあり、「美麗産業」市場は、とにかく潜在力が大きい。業界筋によると、「美麗産業」は今後10年間、2桁の成長を保つものとみられている。

現在、同市場の約80％が、輸入品と「三資企業《サンズーチイイェ》」（「合弁」「合作」「100％外国資本」の形態を総称した言葉）の製品に占領されている。なかでも資生堂は、中国人のあいだでとくに人気、知名度が高いブランドだ。「資生堂」という名称は、中国の古典の一節から引用したもの。〈あらゆる資源から生まれ出る価値〉との意味があるそうだ。

日本へ来た中国人観光客が、銀座のデパートなどで資生堂商品を〈オトナ買い〉するシーンは圧巻のひとこと。「美麗産業」市場の未来は、その字のごとく、美しく、麗《うるわ》しい。

双《シュアン》 赢《イン》（shuāng yíng）

双赢《そうえい》

ウィンウィン

双方とも勝つ、双方が満足するウインウインの意味。

ウインウインを直訳すれば「赢—赢」となるのだが、これは中国語らしくないし、「双方とも勝つ」という意味も伝達しきれない。そこで、分かりやすい「双赢」という言葉が誕生した。

「双方とも勝つ」という結果は、スポーツをはじめ勝負の世界ではあり得ないことだが、国際貿易などでは可能なケースがある。それは、相手国とは優位性のある資源や産業が異なっていて、それぞれにメリットが生まれる状況になった場合だ。ゆえに、「双赢」は、主に経済分野で使われている。

日本政府が対中関係のスタンスとして打ち出しているのが〈戦略的互恵関係〉。これはまさに〈双赢〉を具体化した言葉といえる。

日本と中国の関係も、経済に限らず、目指すべき方向はまさに「双赢」。日中関係が悪化の一途をたどるなか、このところ〈政冷経熱〉の関係ですら揺らいでいるが、いつまでもお互いが反目し合っていたなら、「双赢」が遠のくばかりか、どちらにもメリットがない〈共倒れ〉になってしまう。

ジー《》 チン チュエン

知情权（zhī qíng quán）

知情権《ちじょうけん》

情報を知る権利

当事者が、法律上、機密ではない事実を知る権利のことをさす。おもに国民が権力者の側に要求することが多い。

近年、国民の「知る権利」に対する意識がますます強くなっている。かつての中国社会には、「知る権利」という概念はまったく存在していなかった。文化大革命の時期などは、〈黙して語らず〉が生き延びる術だったわけだから、これは大きな変化といえる。

新型肺炎（ＳＡＲＳ）が蔓延《まんえん》していた時期、政府は迅速《じんそく》かつ正確な情報公開を求められた。が、当時は情報隠蔽《いんぺい》が批判されるなど、「知る権利」に対する説明責任が十分に果たされたとは言い難いのだが、ＳＡＲＳを機に、必要な情報を知りたい、という国民の意識が高まったことは事実だろう。

中国の場合、チベット・新疆問題、天安門事件など、情報公開が難しい政治的に敏感なテーマが多い。現体制がつづく限り、スンナリ情報開示されるとは思わないが、今では「知る権利」を制度化してほしい、との声まで上がり始めている。

いずれにせよ、「知る権利」は〈知らせる義務〉とセットでなければ意味をなさない。

引《イン》 智《ジイ》（yǐn zhì）

引智《いんち》

海外の頭脳を引き入れること

海外の優秀な人材を招き入れること。

中国では、「外資の導入」を重要視するだけではなく「海外頭脳の導入」にも積極的に取り組んでいる。

この20数年来、毎年、海外の優秀な人材を招聘《しょうへい》した数がもっとも多い地域は広東省《かんとん》だ。海外から招いた専門家の総人数の約30％を占めているものの、ただ、ハイレベルな人材の人数となると、北京と上海には及ばない。

今後、広東省は全省の発展戦略と産業構造の調整にもとづき、農業、金融、教育、エコエネルギー、自動車、バイオ製薬など、ハイテク産業を海外頭脳導入の重点分野と位置づけ、ハイテク国際人材市場を設立し、グローバルな人材交流を促進していく考えだ。

近年は、祖国の飛躍的な発展に引き寄せられるように、さきに紹介した「海帰派」のような帰国を選択する優秀な中国人留学生が増えている。以前はそのまま留学先に残留する学生が多く、〈頭脳の流出〉が憂《ゆう》慮《りょ》されていたことを考えると、これは大きな変化だ。内外の優秀な頭脳が、中国のさらなる発展を支えている。

三高一低《サンガオイーディ》（sān gāo yī dī）

三高一低《さんこういってい》

エコロジー時代に逆行する企業

エネルギー消費量、汚染度、危険度が〈高〉く、利益率が〈低〉い、エコ時代に逆行する企業をさす。

各地で深刻な公害が報告されるなか、環境保全を重要テーマに掲げる中国政府は、「高エネルギー消費・高汚染企業整理リスト」に入った企業も含め、こうした「三高一低」企業を重点的に整理し、順次、閉鎖する方針を固めている。実際、北京五輪前の北京や上海万博前の上海では、多くの「三高一低」企業が閉鎖を余儀なくされた。

今後、資本導入をおこなう場合、投資額、エネルギー消費、汚染リスクが〈低〉く、収益性が〈高〉い企業――つまり「三高一低」とは逆の「三低一高」が原則とされる。

企業閉鎖処分というのは、いささか厳罰に過ぎる印象も受けるが、それほどまでに中国の環境汚染は深く進行しているといえる。長期的な視野に立てば、利益至上主義に走り、非効率にエネルギーを浪費し、汚染を垂れ流す悪質な企業は、国全体の健全な発展を阻害し、ひいては深刻な環境破壊をもたらす〈負〉の存在となる可能性が高い。

こうした企業は、利益率のみならず、「エコ意識が低い」も加えた〈三高二低〉企業と称すべきだろう。

生《ション》 探《タン》（shēng tàn）

生探《せいたん》

優秀な生徒のスカウト

成績優秀な生徒をスカウトすること。

字面だけを見ると、「生き方を探求する」といった崇高《すうこう》な精神を表しているかのイメージを受けるが、実際の意味は、もっと生々しい話だ。「生探」は、タレントのスカウトのような方式ではなく、いわば青田買いやヘッドハンティングの一種だ。

一部の中学校は、高校進学率を向上させるため、中学進学を間近に控えた優秀な小学生のスカウトに躍起《やっき》となっている。スカウト担当者は、学生募集業務を担当する中学校の教師たちである。もちろん、生徒本人よりも両親を口説き、あの手この手を弄して勧誘に走り回っている。

厳しい競争時代に直面するなか、進学率の高低が、学校のイメージや評価に大きく関わるものであることは事実だ。しかし、本来ならば、教育内容や教育ノウハウの向上など、みずからの努力によって進学率アップという目標を達成するのが本道であるはず。そのため、スカウトという手段で優秀な生徒を勧誘することは、行き過ぎた行為と受け止められている。

学校の生き残りのためとはいえ、熾烈《しれつ》な〈受験戦争〉は、大人の側も同じであるようだ。

チャオ チェン シャオ フェイ
超前消费《チャオ チェン シャオ フェイ》（chāo qián xiāo fèi）

超前消費《ちょうぜんしょうひ》

過剰な消費行動

過剰な消費行動という意味のほかに、ローンの支払いよりも消費を優先する行為もさす。

改革開放政策の成果が結実し、モノがあふれる豊かな時代のなかで成長してきた若者は、従来の価値観とは異なる消費観念をもっている。かつての中国社会で美徳とされていた節約・質素という言葉は、もはや彼らには通用しないようだ。

贅沢な生活を追求するあまり、安易にローンを利用し、自分の収入に見合わない高級品やマイカーなどを購入してしまう。購入したのはいいが、もともとが無計画な消費だけに、ローンの返済に窮《きゅう》するケースが少なくない。

日本でもカード破産する若者が増えているが、ローン地獄に陥るほどの「超前消費」は、社会の自分に対する信用を〈消費〉する行為であると肝に銘じるべきだろう。

カード社会の弊害といってしまえばそれまでだが、要は本人の自覚の問題。借金依存の生活スタイルは、容易に改められるものではなく、問題の根は深い。

龙《ロン》 头《トウ》（lóng tóu）

竜頭《りゅうとう》

リーダーシップ

もともとは単なる竜の頭の意味だったのだが、現在はリーダーシップという新しい意味でよく使われている。

日常的には水道の蛇口も「竜頭」。これは形状が似ているからだろう。ちなみに日本語の「竜頭」（りゅうず）は、腕時計のネジ部分をさす。

経済の横の連携を強化する政策のひとつとして、経済力、技術力が優れ、経営品質管理などで信頼性の高い国有企業に対し、一定の社会的・経済的役割を与え、そうした企業を「竜頭」と称している。また、各企業は、独自の「竜頭産品《ツァンピン》」（先鋭製品）の開発に取り組み、企業の発展を促進している。

また、「竜頭」を使った新語もつぎつぎと生まれている。たとえば、「竜頭股《グゥ》」（値上がり見込みの有望株）、「竜頭企業《チィイエ》」（その分野のリーダー的企業）など。

中国において、竜（龍）は皇帝だけが使用を許された権力の象徴。「竜頭」という言葉にも、経済発展めざましい中国の〈昇り竜〉のような勢いや力強さが感じられる。

が、あまりにもやみくもに経済発展だけを追求すれば、「竜頭」を機軸とする一連の政策が〈竜頭蛇尾〉で終わってしまう可能性もある。

抢《チアン》 滩《タン》（qiǎng tān）

搶灘《しょうたん》

市場に乗り込む

本来の意味は、軍事用語で、橋頭堡《きょうとうほ》の陣地を奪取する、ブースを占用することをさす。新しい意味では、市場を占有する、ある分野に新規参入する、競争に参加する、といった経済活動のこと。

改革開放の進展にしたがって、海外の企業は、つぎつぎと中国の各分野に進出し、虎視眈々《こしたんたん》と「搶灘」を狙っている。

外資系企業対外資系企業、外資系企業対中国企業、さらには中国企業のなかでも、国有企業対民間企業、国有企業対国有企業、民間企業対民間企業――内外、官民の企業が火花を散らし、「搶灘」をめぐる競争は激化する一方だ。

「搶」という単語の意味は、奪う、かっさらう、横取りするなど。「搶《チアン》案《アン》」は強盗事件、「搶購《チアンゴウ》」は買い占め、といったように、よくないイメージで使われることも多い。

冒頭で「搶灘」のもともとの意味は軍事用語と説明したが、現在、企業間が展開している熾烈な競争も、ある意味、巨大な中国市場を争う〈企業戦争〉といってよい。「搶灘」という軍事用語を用いるにふさわしい気がする。

猎　头《リエトウ》（liè tóu）

猟頭《りょうとう》

ヘッドハンティング

いわゆるヘッドハンティング。企業や個人に依頼され、優秀な人材を引き抜く人間や組織をさす。

現在、中国では、優秀な人材の獲得をめぐる競争が激しくなっている。大手外資系企業は言うに及ばず、そのターゲットは国内民間企業や各大学にまで広がっている。

「猟頭」は、抜いたり抜かれたりの仁義なき戦い。優秀な人材を引き抜くのは、ヘッドハンターの力量に拠る部分が大きいが、どうやって自社の優秀な人材をヘッドハンターの魔の手から守るかについては、経営陣の手腕が問われるところだ。

最近、中国市場からの撤退を表明したグーグル（Google）をめぐり、中国人スタッフに対する「猟頭」が話題となった。彼らのもとには、IT業界のライバル他社から、鳴りやまないほどの電話が寄せられたという。中国の場合、終身雇用や会社に奉公といった意識が低いことも、「猟頭」を助長させる一因といえるだろう。

いまの中国社会は、とにかく企業の利益、発展がすべて。どこにも〈禁猟区〉は見当たらない。

第８章

過熱する投資ブームの功罪

市場主義経済時代に戸惑うことなく巧みに適応し、ビジネスで財をなした人が次に考えることといえば財テクだろう。いま、中国では、株やファンドへの投資ブームに湧いている。ブームの裾野は広く、投資家は富裕層だけにとどまらない。サンダル履きの主婦までもが、株式市場の研究に余念がなく、株価の変動に一喜一憂しているほど。レームダック状態の日本市場とは雲泥の差がある。ただ、好況がつづく中国とはいえ、投資にリスクは付きもの。ブームが熱いぶん、失敗した際の損失額も大きいようだ。

株投資ブームのなかで〈底値〉探しの旅は続く――
（「基民」より、提供：中新社）

套牢股《タオラオグウ》（tào láo gǔ）

套牢股《とうろうこ》

塩漬け株

いわゆる〈塩漬け株〉のこと。株価が値下がりし、含み損を抱えたまま売れなくなった場合、「套牢股」の「套」の字を用い「被套住了」と表現する。

ある金融関連の調査によると、昨年、市場参加した投資家を含めて、9割近くの投資家の株式が塩漬け状態となったという。

中国の株式市場は、今年上半期、昨年10月からの大きな変動をつづけた。A株市場の株価はほぼ半減し、世界でもっとも不調な市場のひとつに。90％以上の投資家が損失を出したほか、3分の2以上の流通株株主の損失が株式市場全体の下落幅を上回った。資産を増やそうと株式市場に参入した投資家の多くは、相場の下落によって、購入した株を売るに売れないという苦しい状況に追い込まれた。

しかし、中国株式市場は長らくつづいた低迷期から脱し、ふたたび上昇カーブに転じようとしている。ぼちぼち〈塩漬け〉された株が、いい味を出しはじめるころかもしれない。

翻って日本市場といえば、まったく明るい兆しはみえない。〈塩漬け株〉はますます塩辛くなり、なかにはＪＡＬ株のように、廃棄処分せざるを得ない株まで現れている。

基民《ジーミン》(jī mín)

基民《きみん》

ファンドに投資する人

「基金《ジージン》」(ファンド)に投資する人たちの名称。最近では、株に投資する人を「股民《グウミン》」とよぶ。「股民」の「股」は、「股票《グウピャオ》」(株券)を表している。

統計によると、2007年10月末時点で、中国の各ファンドの純資産総額は3兆3120億元にのぼっているという。年初から3・8倍に膨れ上がった。「基民」も急速に増加しており、複数の「基金」に同時に投資する人も少なくない。

2007年初め、2006年から「基金」に投資していた人は、ほとんどが利益を手にした。そのため、「基民」が急増し、財テクの意識と投資意欲が高まっている。「基金を買いましたか」という言葉が、友人同士のあいさつ用語における流行語になったほどだ。

ファンド関連では、ファンド取引を意味する「炒基《チャオジー》」という言葉もある。ファンド取引市場の需要に応じて、ファンド投資者に必要な書籍もつぎつぎと登場している。

「基民」の数は持続的に増え続け、2009年末現在、1・3億人に達した。ただ、ブームが過熱する半面、「基民」の利益は「股民」に及ばないとのこと。今年は「基金で儲かりましたか」が、流行語となるかもしれない。

救《ジウ》市《シイ》（jiù shì）

救市《きゅうし》

市場救済

文字どおり、市場救済の意味。

世界的な金融危機を受けて、中国政府は2008年、株式市場や不動産市場などの救済を間断《かんだん》なくおこなってきた。巨額の財政支出をともなっただけに、それを支持する声もあれば、反対の声もある。賛否両論が起こるのは日本も同じ。好況に湧く中国でも、当時の情勢はそれほど逼《ひっ》迫《ぱく》していたということだ。「市場救済」という流行語は、中国だけでなく、米国でも2008年度の流行語のトップになった。

中央政府のみならず、各地方政府や各業種も、それぞれ独自の市場救済措置を打ち出している。

たとえば、自動車業界は、燃料税改革や、省エネタイプの小排気量自動車購入を奨励《しょうれい》するなどの方策で生き残りを模索した。政府による自動車市場救済策が奏功し、翌年2月には乗用車販売台数が前期比30％増を記録。「供給が間に合わない」とのニュースが話題になった。

最近ではギリシアの国家財政破綻が波紋を広げるなど、「救市」は世界的なテーマとなっているが、景気低迷がつづく日本では、なかなか「救市」の妙案は浮かんでこない。

股票家教《グウ ピャオ ジャア ジャオ》（gǔ piào jiā jiào）

股票家教《こひょうかきょう》

株について教えてくれる人

株取引の指南役の意味。「股票」が「株」、「家教」が「家庭教師」を表す。

最近、中国では金融市場の過熱とともに、多くの市民が株投資などの財テクに熱中している。友人同士の会話でも、株の話題が頻繁に登場するようになった。「株の売買をやっていますか」という会話が、あちこちから聞こえてくる。

現在、財テクのプロだけではなく、社会人から主婦、高齢者まで、だれもが株に挑戦しようとしており、銀行では、年配者がファンドを買うために口座を開設しようと並ぶ姿が見られる。

とはいっても、素人にはリスクも大きい株投資。そこで、少しでもリスクを回避するための知識を得ようと、株に関する基本知識や運用のノウハウを懇切丁寧に教えてくれる「股票家教」を招く人が増えているのだ。このほか、昨今のブームを受けて、株式市況を分析するテレビの情報番組も注目されている。

どんなに優秀な「股票家教」を招いたとしても、しょせん株式市場は水モノ。彼らの資質が、必ずしも収支に結びつくわけではない。

财商《ツァイシャン》(cái shāng)

財商《ざいしょう》

儲ける能力を表す指数

改革開放政策が実施されたのち、知能指数（IQ）を意味する「知商《ジーシャン》」（「知力商数」の省略）にかけて生まれた新語。まったく新しい〈儲け力指数〉という概念を表す言葉だ。

また、「指数」に関連する用語には、感情指数（EQ）を意味する「情《チン》商《シャン》」という言葉もある。

市場主義経済のもと、投資、経営、個人資産管理などのノウハウが必要とされるようになり、金銭に対する伝統的な考え方に疑問を呈する風潮が強まった。「貯金を頑張る人は一生貧乏。投資をつづける人こそ大金持ちになる」という考え方をもつ人が増え、こうした激しい競争のなかで、事業を成功させ、大金持ちになった人は「『財商』が高い」と誉めそやされている。

利益至上主義が罷《まか》り通るいまの時代、「財商」こそもっとも必要とされる能力なのかもしれないが、「財商」偏重主義が現在の格差社会を生み出す要因になっているとの見方もできる。

〈儲け力指数〉ばかりが重視される社会はやはりおかしい。〈人間力指数〉が重視される時代になってほしい。

第９章

高齢化社会と若者文化のあれこれ

高齢化社会の問題は、中国でも人びとの関心がとりわけ高いテーマだ。長らく〈ひとりっ子政策〉をつづけてきたこともあり、将来的に、多数の老人を支える若い世代の負担は、日本以上に重くなるかもしれない。一方、その若い世代は、豊かな時代に生まれ、自由な生活をエンジョイしている。若者文化に深く浸透しているのがアニメ。アニメ文化に関しては、アニメ先進国である日本の影響を色濃く受けており、彼らの日本に対する親近感を育んでいる。バーチャルな世界を通してしか分かりあえない、とは思いたくないが──。

退職金でいいトシの息子を養う老夫婦（「齟老族」より、提供：中新社）

未富先老《ウェイ フウ シェン ラオ》（wèi fù xiān lǎo）

未富先老《み ふ せんろう》

社会が豊かになる前に老人の割合が増えてしまった状況

はたしていまの中国に「未富」との表現が適当かは別にして、日本同様、高齢化は深刻な社会問題だ。高齢者人口の増加と高齢化の急速な進行にともない、経済的に不安定な老後の生活、高齢者のひとり暮らしといった諸問題が浮き彫りになってきている。こうした状況下、年金・医療保障をはじめ、高齢者の介護問題など、解決すべき問題は少なくない。

2020年までに年金を受け取る退職者は1億人を上回るとされ、このペースでいくと、高齢者1人を2・5人で養わなければならない計算になる。もはや高齢化問題は、国家経済と国民生活、さらには国の長期安定に関わってくる重大なテーマといっていい。

伸びつづける平均寿命とともに、100歳以上の人口も増えている。中国老年学学会の関連データによると、100歳以上の高齢者数は増加の一途をたどっており、ここ10年間は毎年約2500人のペースで増えているという。

100歳以上の高齢者が総人口に占める割合が高い省・自治区のトップ3は、海南《かいなん》省、広西《こうせい》チワン族自治区、新疆《しんきょう》ウイグル自治区。〈中国のハワイ〉といわれる海南省は、日本の長寿県、沖縄との共通点を感じさせる。

托老所《トゥオ ラオ スオ》（tuō lǎo suǒ）

托老所《たくろうしょ》

老人ホーム

いわゆる老人ホームのこと。

経済活動が急激に活発化した中国では、若い人は高齢者の面倒を見る時間がない。そこで、有料サービスを提供する老人ホームに預けるケースが増えている。

高齢化社会が急ぎ足で到来してしまった中国。長らく〈ひとりっ子政策〉をつづけてきたこともあり、高齢化の進行スピードは先進国を大きく上回っている。

現在の高齢化率（60歳以上）は10％前半だが、2050年には実に4人に1人が60歳以上になるとの試算も。にもかかわらず、福祉・保障システムはまだ十分に整っておらず、社会の需要に追いついていないのが実情だ。

敬老は中国の伝統的美徳だが、最近は子どもが故郷を離れて生活している家庭が多い。仕事と親孝行が両立できない場合、「托老所」を利用するのはやむを得ない選択といえる。

一方、農村部では、医療保険などもなく、医療費に自腹を切らなければならないところも多い。高齢者のケアは、依然として家族の義務となっている。

4《スウ》2《アル》1《イー》 家《ジャア》庭《ティン》（sì èr yī jiā tíng）

421家庭《かてい》

現代中国の典型的な家族構成

4人の祖父母、2人の父母、子どもが1人という家族構成を表す。これが将来の中国社会における典型的な家庭の構造となる。

1970年代にスタートした計画出産政策の実施後に生まれたひとりっ子は、結婚後、必然的に「421家庭」を形成する。つまりひとりっ子夫婦が結婚しひとりっ子を生むと、夫婦ふたりで両親4人、1人の子どもを擁《よう》することになるわけだ。

「421家庭」が引き起こすもっとも深刻な社会問題は養老《ようろう》負担であり、高齢者の扶養問題が一段と厳しくなる。最近の北京、上海、広州の住民を対象にした調査によると、35％の家庭が4人の高齢者を養い、49％の家庭が2～3人の高齢者を養わなければならなくなっているという。

専門家のあいだでは、「421家庭」は家庭の機能を弱め、伝統的な「四世同堂《スーシイトンタン》」（4世代が同居）の家族関係を解体させ、また親族数の減少によって、数千年来の親族関係や社会倫理観念が脅《おびや》かされる、と懸念されている。

ただ、「421」という構成は、理想的ではないのかもしれないが、非婚・晩婚傾向が強まり、結婚しても子どもを出産しない夫婦が増えている日本が直面する少子化問題に比べれば、まだ家庭が築かれているだけマシという気もする。

宅男《ジャイナン》（zhái nán）

宅男《たくなん》

オタク

見てのとおり、オタク男性のこと。

「宅」は日本語の〈オタク〉が語源であるが、いまやすっかり中国語として浸透しつつある。女性の場合は「宅女《ジャイニィ》」とよばれる。

現在、これらの言葉はすでに広く定着しており、アニメやネットゲーム、コスプレ、メイドカフェなど、日本が世界に誇る〈オタク文化〉の人気も高い。日本の〈オタク文化〉おそるべし、といった感じである。

社会・経済の発展にともない、何でも便利になった現代、若い人たちは、外に出て相手を探すことに、かえって消極的になっている。日本では〈引きこもり〉の弊害が叫ばれて久しいが、最近は中国でも、ネット以外のコミュニケーション能力を喪失《そうしつ》した若者の急増を憂《うれ》う声が少なくない。

ちなみに、「宅男」には、もうひとつ別の意味もある。

家事を手伝ってくれ、子どもの面倒を見てくれて、自分を優しく労《いた》わってくれる男性——彼らもまた「宅男」とよばれている。この場合の「宅男」は、「家庭主夫《ジャアティンジュウフウ》」ともいう。

ならば、〈オタク〉でありながら家事に協力的な男性は、「宅男」のなかの「宅男」となるのだろうか。

角色扮演《ジュエスウバンイェン》（jué sè bàn yǎn）

角色扮演《かくしょくふんえん》

コスプレ

若者のあいだで、コスプレが大流行している。とくに人気なのが、日本のアニメのキャラクターだ。アニメキャラの道具や服装、アクセサリーなどを、自費で製作しているファンも少なくないという。また、コスプレブームを反映し、ネットでも多数のコスプレゲームが登場して人気を集めている。

今年4月、浙江《せっこう》省杭州《こうしゅう》市で参加者がアニメや漫画のキャラクターに扮する、コスプレの中日韓交流会が開催された。3ヵ国のアニメファン100人あまりが一堂に会し、同じ舞台でパフォーマンスを披露し、コスプレを一緒に楽しんだ。こうしたイベントは、各地で多数催されている。

アニメやコスプレに国境はなし。言葉が通じなくとも、お互いが理解しあえるツールとして、友好交流においてコスプレが果たしている貢献は大きい。

筆者は中国のメイドカフェをのぞいた経験があるのだが、何から何まで日本の〈オタク文化〉が踏襲《とうしゅう》されており、なかなか感動的であった。

とはいえ、もちろん「メイドカフェなんて何が楽しいのか理解できない」という意見も少なくない。

シー シャン イー ズウ

时尚一族（shí shàng yī zú）

時尚一族《じしょういちぞく》

いまどきの若者たち

トレンドな一族のこと。ただし、トレンドといっても、リッチなオトナのグループをさす言葉ではない。いまどきの若者、といったニュアンスがふさわしいだろうか。

鳥打帽《とりうちぼう》を逆さまにかぶり、だぶだぶした服を着る彼らは、街角や広場でヒップホップダンスをしたり、スケートボードを滑らせたりして、自分の感情を発露している。その行為は、ストレス発散であり、個性のアピールでもある。

こうしたパフォーマンスに、眉《まゆ》をしかめる老人がいることも事実だ。しかし、いまでは街の風景に溶け込んでおり、興味深げに見物するギャラリーも少なくない。

彼らはお気に入りの音楽が流れると、力強いリズムに乗って、身体が自然に動き出す。平坦な道、静かな小さい公園などが、自分の魅力を表現し、ダンスの技を磨く〈主戦場〉である。彼らのあいだでは、コスプレもブームになっている。

「時尚一族」の中心をなすのは、主として15～25歳の若者。とてもマジメな若者にはみえないが、素顔は意外と純朴で、必ずしも不良グループではない。自由を謳歌する姿には、むしろ健全さすら感じる。その様子は、日本の渋谷あたりを歩いている若者と、何ら変わるところがない。

哈日族《ハアリイズウ》（hā rì zú）

哈日族《はにちぞく》

日本の流行が好きな人びと

いわゆる日本フリークの人たちのこと。最近は中国にも〈日本好き〉を自認する人が現れているのである。

「哈日族」は若い世代が多く、ファッションや音楽、サブカルチャーなど、日本の流行に敏感で、それらを強く意識し、自分流のスタイルに色濃く反映させている。親日派が圧倒的に多い台湾では、かなり前から使われている言葉だが、大陸では10年くらい前から見られるようになった。「哈日族」に対し、最近出現した韓国のファッションなどを真似《まね》る若者は「哈韓族《ハアハンズウ》」とよばれる。日本の韓流ファンの女性などは、さながら日本版「哈韓族」といったところか。

欧米発のファッションやヘアスタイルは、まずは日本で日本流にアレンジされ、そのあと、ほとんどが香港を経由して中国に伝わるという。中国ではいま、こうした外国文化の影響を受けた若者文化が百花繚乱《ひゃっかりょうらん》だ。ただ、ファッションにとどまらず、外国流のライフスタイルも浸透してきたことから、次世代はどう伝統的な自国文化を継承していくのか、憂慮する教育者も少なくない。

いずれにせよ、日本に対して嫌悪感も偏見も先入観ももっていない「哈日族」が、これからの両国友好の担い手になってほしいと思う。

麦《マイ》 霸《バア》 (mài bà)

麦霸《ばくは》

マイクを離さない人

カラオケなどで、マイクを離さず歌いまくる人をさす。この言葉は、とくに若者のあいだで流行している。

「麦」はマイクの発音を漢字に当てたものである。ここでの「霸」は、「覇権」の意味として使われており、「マイクを独占、支配する」とのニュアンスになる。

こんな言葉が登場するほど、中国人は老若男女を問わずカラオケが大好きだ。早朝の公園で、私設のステージを用意し、朗々《ろうろう》と熱唱している人もいるほど。この手のタイプは、年配者が多いようだが。

カラオケの中国語は、日本語をそのまま音訳し「卡拉《カラ》ＯＫ《オケ》」と表記する。「オケ」の部分が漢字ではなく、アルファベットが使われているのが珍しい。

仲間同士でカラオケに行く場合、必ずひとりやふたり「麦霸」がいるものだ。あまりにもマイクを独占しすぎると、せっかくのカラオケが興《きょう》醒《ざ》めしてしまいかねないので注意したい。

本人に自覚はないのかもしれないが、「麦霸」はあまり歓迎されるタイプではないので、なかには「私はカラオケ好きですが、『麦霸』ではありません」と〈自己申告〉する人もいるという。

酷《クウ》（kù）

酷《こく》

すごい

英語「cool」の音訳。若者たちが、他人を誉めるときに使う流行語である。

若者たちは、個性的なファッションや音楽に対し「好酷啊《ハオクーアー》」とよく口にする。これは、英語なら「so cool」、日本語なら「超イケてる」といったニュアンスだろうか。

本来の「酷」は、「残酷」や「酷暑」など、程度が甚《はなは》だしいことを表わす。相手の冷淡さ、冷酷さを詰る意味の日本語「酷な人」は、その部類といえるだろう。

「酷」という漢字のイメージはあまりよくないが、英語の「cool」にも、「(感情が) 冷たい」「熱意のない」「図々しい」など誉《ほ》め言葉ではない意味が含まれているので、案外、意味的にフィットする訳語かも知れない。

ちなみに、すばらしい、すごいなど、似たような誉め言葉に「酷斃《クウビイ》了《ラ》」がある。中学生、高校生のあいだで流行している言葉だが、彼らはこうした流行語を知らないと、同級生からバカにされると考えているという。

このほかに、「恐竜《コンロン》」で醜い容姿の人を、「巣鳥《チャオニャオ》」で技術レベルの低い人を嘲《あざけ》るのも流行語。〈酷〉（こく）な差別語である。

啃老族《ケンラオズウ》（kěn lǎo zú）

齦老族《こんろうぞく》

親のすねをかじる子ども

直訳すると、〈すねかじり族〉を意味する。中国語の場合、噛《か》むのは〈脛《すね》〉ではなく〈老〉なのだが。

近年、学校を卒業しても就職せず、収入がないにもかかわらず贅沢《ぜいたく》をする「齦老族」が増えつつある。日本よりも道徳心が強い中国社会では、長らく「子どもを育てておけば老後は安心」と考えられてきたのだが、親孝行という伝統的な美徳は、いまや存亡の危機に瀕しているといえそうだ。

上海社会科学院がおこなった調査により、上海に暮らす学生以外の未婚者のうち、85％が生活費の一部、または全部を親に頼っていることが明らかになった。〈すねかじり族〉現象は、エスカレートする一方で、多くの関心を集めている。

彼らに共通する特徴は、「プライドが高いこと」というから、余計に始末が悪い。「齦老族」などとよばず、昔からある放蕩《ほうとう》息子、穀《ごく》つぶしを意味する「敗家子《バイジャアズ》」という言葉がふさわしい。ただ、こうした〈すねかじり族〉を甘やかす親が悪い、との意見もある。

苦労を知らずに育った彼らが親の世代になったとき、はたして子どもに噛ませるすねはあるのだろうか。

潮《チャオ》 人《レン》（cháo rén）

潮人《ちょうじん》

最先端の流行にめざとい人びと

最新のファッションにつねに敏感で、個性を追求し、考え方もトレンドな人たちをさす。「潮人」だからといって、海にゆかりのある人を表す言葉ではない。

「潮《チャオ》」は、2～3年前から使われはじめた流行語で、「流行の最前線」という意味である。

「潮人」の関連用語には「潮語《チャオユィ》」がある。この「潮語」は、広東省潮州地区の方言でなく、「潮人」たちによく使われている言葉のことだ。

このほか、「潮人服飾《フウシイ》」「潮人髪型《ファーシン》」などの言葉もある。

芸能人でいうと、プライベートな猥褻《わいせつ》写真が流失し、世間を騒がせたエディソン・チャン（陳冠希）に、よくこの「潮人」のフレーズが使われている。彼の場合、このスキャンダルによって、〈潮が引く〉ように人気も下落してしまったのだが――。

これが〈塩人《えんじん》〉だと、何だか流行とは無縁な冴《さ》えない人物が連想されるが、「潮人」という語感からは、「スイスイと時代の潮流に乗って生きる人」といった軽やかさが伝わってくる。

动《ドン》 漫《マン》（dòng màn）

動漫《どうまん》

アニメーション

「動く」「漫画」――アニメの訳語としては、これ以上わかりやすい表現はないように思う。

中国のアニメ産業は、〈アニメ大国〉日本に比べると、まだ大きく立ち遅れている。漫画・アニメ業界の人材は、とくに育成が遅れている分野として、教育部による資質向上プログラムの緊急人材育成プランに組み込まれている。関連部門は今後、教育課程の作成を強化し、教員のレベル向上に努め、漫画・アニメ産業が積極的に技術開発をおこなっていくことを奨励《しょうれい》するとしている。

こうした動きのなか、多くの都市が〈アニメ都市〉の座を争い、対外的に〈アニメ都市〉を自称し、その数は、20都市を超えているという。〈アニメ都市〉を目指す北京市にあるアニメ制作会社は、5年前の100社あまりから、現在は1000社以上にまで激増した。また、アニメ専門のテレビチャンネルも人気が高く、北京テレビ局の動画衛星チャンネルでは、衛星放送による放映も実現している。

いまやアニメ文化は、多くの若者にとって、欠かすことができない生活の一部。現状は日本のアニメ技術が圧倒的に優位で、日本のアニメキャラのファンも多いが、将来的には中国が日本に比肩する〈アニメ大国〉となる日が来るかもしれない。

瘦身族《ショウ シェン ズウ》（shòu shēn zú）

瘦身族《そうしんぞく》

ダイエットを心掛けている人

体重がオーバーしていることを案じ、健康のために毎日身体を鍛え、ダイエットに挑戦し、美しいスタイルを追求している人たちをさす。もちろん、女性が多い。

もっとも有効なダイエット方法は何か――これが「瘦身族」にとって一番ホットな話題だ。

「瘦身族」は、スポーツジムに通って専門のインストラクターに指導してもらったり、ウォーキングしたり、ダイエット薬を飲んだり、食事制限をしたり、さまざまな方法を試みている。なかには、ウエディングドレスを着るため、必死になってダイエットに取り組む若い女性も。ダイエットの苦労は万国共通のようだ。

「瘦身族」の最大の悩みはリバウンド。これも万国共通である。

多くの日本人女性が「中国人女性はみな細くて羨《うらや》ましい。肥満体型が少ないのは、毎日、たくさんのお茶を飲んでいるせいかも」との感想をもっている。実際、中国を訪ねてみると、スタイル抜群の女性が多く、その通りだと思う。ダイエットなど必要なかろうに、と思えてならないのだが、体重オーバーの自己基準が厳しいのだろうか。

超　女《チャオ ニイ》（chāo nǚ）

超女《ちょうじょ》

スター誕生番組で生まれたアイドル

「超級女声」の略語。テレビのスター誕生番組「超級女声」（スーパー歌姫）で誕生したアイドルをさす。

高視聴率を誇るこの番組を放送しているのは、湖南《こなん》省のローカルテレビ局だ。その人気は凄まじく、2004年から放送をはじめ、翌年には視聴者が全国で延べ4億人を突破し、一時は中央のテレビ局の番組を上回る最高視聴率を記録したほど。その後、2年間の休止期間があったものの、現在は「快楽女声《クアイルウニィション》」とタイトルを変えて放送されている。

全国の予選を勝ち抜いたメンバーを、視聴者が携帯電話で人気投票するシステムだ。いまや押しも押されもせぬトップ歌手として君臨《くんりん》しているクリス・リー（李宇春）やジェーン・チャン（張靚穎）を輩出《はいしゅつ》したほか、日本を拠点に活躍中のローラ・チャンも、本選は通らなかったものの、杭州《こうしゅう》予選大会の出場者だった。

「超級女声」が爆発的な人気を獲得した理由については、「1980年代以降に生まれた女の子の、独立したい、自分を表現したい、という自己顕示欲が強まっていることを反映した現象」と分析する専門家の意見もある。あのモーニング娘。に、中国人の少女2人が一時在籍していたのも、そんな自己顕示欲の表れといえるだろう。

粉丝《フェンスー》（fěn sī）

粉絲《ふんし》

追っかけ

本来は食品の春雨を意味する言葉であるが、最近は「ファン」の音訳である〈追っかけ〉として使われる機会が多い。

当初はネット上で広まった言葉であるが、いまは幅広い場面で使われている。

「粉絲」から、「鉄絲《ティエスー》」「鋼絲《ガンスー》」などの派生語も生まれた。「鉄絲」「鋼絲」は、熱狂的なファンの意味。

〈追っかけ〉を表す言葉には、「追星族《ジュイシンズウ》」という意訳語もある。中国語でスターは「明星」。「星」を「追」うという表現で、こちらは非常にわかりやすい。

多くの流行語は、まずネット上に現れ、そのあと、使用範囲が拡大していくという傾向がみられる。だが、新語として定着する言葉は少ない。上海では、国家機関の公文書や教科書、ニュース報道などにおいて、現代漢語の語彙や文法の規範に合わない、いわゆるネット用語の使用を禁止する、との規定がある。ただ、この「粉絲」という言葉は、とくに芸能ニュースなどでは頻繁に登場している。

ちなみに、「粉絲」の発音は〈フェンス〉。スターに迫ろうと暴走するファンを、〈フェンス〉で防御するという図が浮かぶ。

傍大款《バン ダア クアン》（bàng dà kuǎn）

傍大款《ほうだいかん》

金持ちにすり寄り利益を得ようとする女性

女性が下心をもって金持ちに近づくこと、金持ちの愛人になることをさす。

ここ数年、より安定した生活を求めるため、「傍大款」を選択する若い女性が少なくない。が、多様な価値観が認められる時代になったとはいえ、やはり一般的には軽蔑の対象になる。

関連用語には、「傍老外《バンラオワイ》」（外国人と親密な関係を構築し、その人を通じて海外出国を図ること）、「傍大官《バンダアグアン》」（官僚と親密な間柄となり、彼らの権力を利用して、利益をあげること）、「傍名人《バンミンレン》」（有力者の力を借りて顔を売るため、何とかして有名人に近付こうと画策すること）などがある。いずれのケースも、「傍大款」同様、女性が主役であるケースがほとんどだ。女性は関係ないが、第4章で紹介した「傍名牌」は消費者を騙す悪徳商法の意味である。

このように、「傍」がつく言葉には、ある目的のためにコネを作る、という意味が必ず含まれており、総じてイメージはよくない。

こうしたケースでは、色香を武器に、権力者や有力者にすり寄る女性にばかり非難が集中しがちだが、〈カネ〉と〈コネ〉をもつ男性側の不道徳は、女性以上の罪悪といっていい。

第10章

観光・レジャー大国となった中国

中国はいま、空前の旅行ブーム。国内の観光名所は言うに及ばず、海外旅行を楽しむ人も右肩上がりで増えている。このところ、中国人観光客が大挙して日本に訪れているのもブームの恩恵。内需の爆発的な伸びが期待できない状況下、全国のあらゆる産業が、彼らが落とす莫大なチャイナマネーに活路を見出そうと躍起になっている。観光業は、直接的な経済効果だけではなく、相互理解にも資する平和産業。政治的な問題は切り離し、心からのホスピタリティをもって彼らを熱烈歓迎したい。

武漢と広州を結ぶ武広高速鉄道は新時代を告げる鉄道だ
（「和諧号」より、提供：中新社）

出境游《チュウ ジン ヨウ》（chū jìng yóu）

出境遊《しゅっきょうゆう》

海外旅行

「出境遊」のなかでも、旅行スケジュールを全部自分で手配し、全コースガイドなしの自由旅行は「自助遊《ズージュウヨウ》」という。

中国人の海外旅行者の伸びは右肩上がりで、観光市場で注目の的となっている。中国旅游市場専業研究機構によると、2009年の海外旅行者の増加率は6%で、2010年には10%を超えるものと見込まれている。さらに2015年には、1億人の大台に達する勢いだ。

2020年までに、中国は世界4位の観光資源国となることが確実視されている。旅行費用は大幅に低下し、海外旅行を享受できる階層も、高収入層から中収入層へと裾野が広がっており、月収5000～3万元の家庭が、近距離海外旅行の主力を形成することになろう。

中国人の海外旅行の特徴のひとつは、基本的に観光費用よりも、ショッピングと娯楽消費額がかなり大きな比率を占めている点だ。こうした莫大な消費が、受け入れ国の経済活性化に与えるメリットは計りしれない。

おもな目的地は、近隣の香港・マカオ、東南アジアなど。このほか、対中融和路線を掲げる台湾の馬英九《ばえいきゅう》政権が、大陸観光客の受け入れ解禁を実施したことで、台湾旅行が空前のブームとなっている。

日本にとっても、中国人観光客は大事なお客様。いまや中国人観光

日本は人気の海外旅行先。人びとの関心は高い（提供：中新社）

客の存在なしに、日本の観光業は成り立たないといっても過言ではない。もちろん、政府が提唱する「visit japan」キャンペーンの目玉でもある。

政治的な影響を受けやすいとのデメリットはあるものの、訪日ビザ発行条件の緩和も追い風となり、今後、ますます多くの中国人観光客が日本へやって来る。迎える側のわれわれは、彼らの強大な購買力だけに目を奪われることなく、真のホスピタリティーをもたなければ、せっかくのキャンペーンも色褪《いろあ》せ、かけ声だけで終わってしまうだろう。

和谐号《フウシエハオ》（hé xié hào）

和諧号《わかいごう》

高速列車

中国が２００７年4月18日に実施した、鉄道の大幅なスピードアップを図るダイヤ改正「第6次全国鉄路提速」の際に導入した高速列車の通称。

中国の列車には、速度や等級にあわせ「T」「K」などのアルファベットが記されているのだが、「和諧号」の列車番号は、〈弾丸列車〉を意味する「D」となっている。

「和諧号」の「和諧」とは、「調和」の意味。中国政府がスローガンに掲げる「和諧社会《フウシエシュウホイ》」（調和のとれた社会）から命名されたものだ。

「和諧社会」という言葉は、２００５年の第11次五ヵ年計画に盛り込まれた言葉である。同計画がスタートした２００６年には、農業税の削減、農民の健康保険への加入、出稼ぎ労働者の利益保護など、「和諧社会」の実現に向け、農民の収入や生活レベルの向上に関する取り組みを中心に、さまざまな政策が打ち出された。

こうした政策の背景にあるのが、拡大する都市部と農村部のあいだの経済格差に対する不満の声だ。一方、都市部では、生活保障金の底上げ、医療保険加入者の拡大、生活困窮者救助施設の拡充など、弱い立場にいる人たちへの援助にも力を入れている。「和諧」は、２００６年にもっともマスコミを賑わせた言葉といえる。「和諧号」は、こうした平等社会実現の理念を背負って華々しく登場したわけだ。

　これまでの中国の列車といえば、チケットを入手することすら困難なうえ、「スピードが遅い」「座席が狭い」「サービスが悪い」といわれていたのだが、「和諧号」はこうした低い評価を一掃した。外観も新時代の鉄道にふさわしい新幹線車両を彷彿とさせる斬新なデザインであり、乗客の評判は上々だ。当初は大都市間を中心に運転されていたのだが、最近は中西部地区にも登場するなど、「和諧号」ネットワークは全国津々浦々に広がりつつある。

　また、２００９年末には武漢《ぶかん》―広州《こうしゅう》間に、時速３００キロ運転を実現した中国版新幹線「武広高速鉄道」が開業。その後、鄭州《ていしゅう》―西安《せいあん》間でも開業するなど、高速鉄道網の充実も図られている。

　各地で開発が進む中国では、鉄道に関する話題が多い。鉄道関連の言葉には、「軽軌《チングイ》」（シティレール）、「浮磁《フウツウ》」（リニアモーターカー）、「京滬高《ジンフウガオ》鉄《ティエ》」（北京―上海間に建設中の高速鉄道）などがある。

　ついには時速３００キロ時代へ――つぎつぎとスピードアップを繰り返す中国の鉄道は、国が発展する勢いをそのまま象徴しているかのようだ。

红色资源《ホンスウヅーユエン》（hóng sè zī yuán）

紅色資源《こうしょくしげん》

革命に由来する観光資源

革命ゆかりの史跡が集まる観光資源をさす。

なぜ「紅色」かというと、改めて説明するまでもなく、共産党のシンボルカラーが赤だから。革命聖地、記念館、遺跡めぐりは〈紅色観光〉といわれ、最近、たいへんなブームになっているという。

全国に革命聖地は数多く、枚挙《まいきょ》にいとまがないが、湖南《こなん》省の韶山《しょうざん》（毛沢東の生誕地）、江西《こうせい》省の井岡山《せいこうざん》（毛沢東が農村革命拠点を築いた地）、江西省の瑞金《ずいきん》（中華ソビエト政府が置かれた地）、陝西《せんせい》省の延安《えんあん》（長征《ちょうせい》を成し遂げた紅軍が作った解放区の首府）などが代表的な場所といえよう。一般的に「紅色資源」の範疇《はんちゅう》は、中国共産党の結成から、紅軍の長征、抗日戦争、国共内戦、そして１９４９年の新中国建国に至る激動の28年間にゆかりの場所とされる。

〈紅色観光〉の発展を促進するため、各地で「紅色資源」の開発が進められている。

近年の〈紅色観光〉ブームは、単に熱烈な共産党信奉者が集まっているわけではない。急速に社会が変わってしまった昨今、苦しくも熱気に満ちていた過ぎ去りし日々を懐旧《かいきゅう》するという側面もあるようだ。

申遺《シェン イー》（shēn yí）

申遺《しんい》

世界遺産登録申請

世界遺産登録申請の略語。

最近は世界遺産がたいへんなブームとなっているが、５０００年の歴史をもつ中国は、ユネスコから認定された世界遺産が40ヵ所を数える。おもな世界遺産は、万里《ばんり》の長城《ちょうじょう》、故宮《こきゅう》、兵馬俑《へいばよう》、チベットのポタラ宮《きゅう》、九寨江《きゅうさいこう》・黄龍《こうりゅう》、泰山《たいざん》、蘇州《そしゅう》の庭園など。今後、申請が予定されているリストは、まだ１００ヵ所以上あるという。今年も新たに〈天地之中《てんちのちゅう》〉の歴史建築群と丹霞《たんか》地形が加わった。

北京市文物局によると、北京市はユネスコに世界遺産登録申請する予定の７候補を確定した。７候補は、皇城《こうじょう》、北海《ほっかい》、古観象台《こかんしょうだい》（天文台）、盧溝橋《ろこうきょう》と宛平城《えんぺいじょう》、潭柘寺《たんしゃじ》、戒台寺《かいたいじ》、雲居寺《うんきょじ》。ただ、１度の申請で認可されるリストには数の制限があるため、かなりの狭き門となっている。

世界遺産の申請ブームの背景には、世界遺産効果で内外から多くの観光客を集めたい観光業者の思惑がある。実際、世界遺産の称号を得たのちは、いずれの名所も観光客が激増しており、その経済効果は計りしれない。

が、一方では、ブームに便乗した値上げやゴミの増加、自然破壊など、〈負の遺産〉も問題になっている。

世博会《シイボーフイ》（shì bó huì）

世博会《せはくかい》

万博

「世界博覧会」の略称で、万博を意味する。

５月１日に、中国初の上海万博が開幕（会期は10月31日まで）。開幕直前に〈パクリ騒動〉でケチがついたものの、連日、大勢の入園者で賑わった。とくに人気の中国館などは、予約券がなければ入館できないほどの盛況ぶりだった。マスコットキャラクターの「海宝《ハイバオ》」グッズも売れに売れた。

万博開催を機に、さらなるインフラ整備が進められるなど、上海の街は大きく変貌した。人びとは〈万博バブル〉に湧《わ》いており、景気のいい話がポンポンと飛び込んでくる。

折しも、万博開催のタイミングが、国の高度成長期の只中であり、大阪万博のころの日本を彷彿《ほうふつ》とさせる。入園者の総数も目標だった７０００万人を楽々と突破し、過去最高だった大阪万博の６４２０万人を上回った。

一方、上海万博同様、〈五輪バブル〉をもたらしたのが北京五輪。オリンピックは「奥運《アオユン》」と表記する。オリンピックの音訳である「奥林匹《アオリンピイ》克運動会《クウユンドンホイ》」の略語だ。五輪招致は「中奥《シェンアオ》」。

ちなみに、今年の南アフリカ大会に中国チームは出場できなかったが、国民人気が高いサッカーのワールドカップは「世界杯《シイジエベイ》」という。

主題公园《ジュウ ティ ゴン ユエン》（zhǔ tí gōng yuán）

主題公園《しゅだいこうえん》

テーマパーク

中国に初の「主題公園」が登場したのは1998年のこと。深圳《しんせん》のある会社が、海外の遊園地を参考に「歓楽谷《ホアンルウグウ》」というテーマパークを作ったのが嚆矢《こうし》だ。機械式の遊技場と体験型のアトラクションを融合した新しいスタイルは、幅広い層から絶大な人気を集め、驚異的な入園者数と収益を記録した。

その後、「歓楽谷」は北京や上海などにも進出。テーマパークの楽しさを知ったことによって、人びとのレジャーに対する概念は大きく変わった。従来の遊園地型レジャーは、子どもに付き添うだけに過ぎなかったのだが、テーマパークは家族全員が楽しむことができる場所だったからだ。

2005年にオープンした「香港迪士尼楽園《シャンガンディスニールウユエン》」（香港ディズニーランド）は、老若男女が楽しめる究極の「主題公園」といえるだろう。また、香港に続き、2013年をめどに、「上海ディズニーランド」が建設されることも決まった。

いまはまだ、豊かな中国人にとって「東京ディズニーランド」は憧れの〈夢の国〉であり、続々と訪れてくれているが、「上海ディズニーランド」開園後は、かなりの客を奪われてしまうのではなかろうか。

小长假《シャオチャンジャア》（xiǎo cháng jià）

小長假《しょうちょうか》

3連休

「長假」は直訳すると長期休暇。〈小さい長期休暇〉が3連休というのは、ネーミングのセンスがいい中国語にしては、ちょっと中途半端な訳語という気がしないでもない。

中国政府は2008年、法定休日制度の調整をおこない、伝統的な祝祭日を休日と定めた結果、3連休が多くなった。新たに増えた伝統的祝祭日は、元旦《がんたん》、清明節《せいめいせつ》、端午節《たんごせつ》、中秋節《ちゅうしゅうせつ》。これらの祝祭日に土日をつけて、4つの「小長假」が誕生したわけだ。

しかし、一方では、「黄金周《ホアンジンジョウ》」とよばれる5月1日からのメーデー連休は、従来の7連休から3連休に短縮された。大型連休が3連休に分散された形となり、当初は一部で反対意見も出ていたのだが、交通機関や観光地の混雑緩和といったメリットも現れているようだ。

国家観光局の関係者によると、この休暇制度の施行により、郊外観光、テーマパーク観光、ドライブ観光などの需要が増加し、手近に楽しめる短距離旅行者が大幅に増えたという。

不況の世相を反映して、〈安・近・短〉のレジャーが歓迎されているのは日本も同じ。遠くへ行くばかりが旅ではない。

ズゥジャアヨウ
自驾游《ズゥジャアヨウ》（zì jià yóu）

自駕遊《じがゆう》

自家用車での旅行

ドライブ旅行の意味。

ひと昔前の中国では、マイカーはひと握りの金持ちだけしか所有できない贅沢品であったため、「自駕遊」というレジャーは一般的ではなかった。しかし、富裕層人口の増加にともない、マイカー所有者が急増。いまやモータリゼーションの波は地方にまで波及しており、週末や連休になると、多くの人が、気ままな「自駕遊」を楽しんでいる。

法定祝祭日制度の改革によって3連休が増え、都市近郊の観光地を訪れる人が増えたことも、「自駕遊」ブームに拍車をかけているようだ。

また、春節《しゅんせつ》（旧正月）の民族大移動の際、チケット入手が非常に困難なうえ、車中がスシ詰め状態になる列車での帰省を嫌い、マイカーで帰省する人が増えている。マイカー派は「一部で渋滞する区間もあるが、満員の列車に長時間揺られるよりは、はるかに快適。田舎に着いてからも、近隣の親戚を訪ねるのに、クルマがあると便利だ」と話しており、これからの時代、マイカー帰省の比重が高まっていきそうだ。

ただ、巨大な人口を擁する中国の場合、マイカー所有台数の増加ペースが桁違いだけに、温室効果ガスの排出問題など、環境面への影響が心配されている。爆発的なマイカー所有台数の増加には、どこかで〈ブレーキ〉をかける必要が出てこよう。

第11章

新しいライフスタイルと文化

この最終章で取り上げたのは、ここまで紹介してきたジャンルに分類するのが難しい、新しい時代ならではのヒト、モノ、コトにまつわるエトセトラ。「新語・流行語」は、社会が変化する過程での産物であり、停滞ムードの時代には生まれないものだ。本章には「快餐」「打包」「買単」など、すでに定着して久しい言葉も含まれるが、これらの言葉が流行した時期こそ、大きな社会変化の黎明期という気がするので、〈古典的新語〉の特別枠として加えた。

「炒作」がなければ、カリスマ名医も単なる〈裸の王様〉かも――
（「炒作」より、提供：中新社）

排队日《パイドゥイリイ》（pái duì rì）

排隊日《はいたいび》

マナーを守って列に並ぶ日

行列推進の日を意味する。つまり、きちんとマナーを守り、列に並びましょう、とよびかけるキャンペーンだ。

２００７年１月18日、首都精神文明建設委員会は「〈公共マナーを重視し、新しい気風を樹立しよう〉キャンペーン」を発表した。同キャンペーンは、北京五輪開催を迎えるにあたり、公共の場での割り込み、自動車の勝手な進入や車線変更、違法駐車などのルール違反をなくし、秩序ある環境を創造することが狙い。「排隊日」も、こうしたマナー向上キャンペーンの一環として定められたものだ。ちなみに、割り込み行為は、中国語で「挿隊《チャアドゥイ》」と表現する。

北京市は毎月11日を「排隊日」と定めた。11日を選んだのは、２人以上がちゃんと列を作ると「11」のように見えるから。北京五輪を契機に、市民のあいだで「排隊日」は着実に浸透しており、最近は確かに行列マナーが向上したと感じる場面が少なくない。我先にと争うよりも、整然と列を作って順番待ちするほうが合理的であることを、ようやく中国の人たちも気づきはじめたのであろう。

10月末まで開催された上海万博でも、盛んに「割り込み行為はやめましょう」とアナウンスしていた。世界の目が集まる北京五輪を成功させたことで、中国の人たちのマナー意識は、大きく変わったようだ。

「排隊日」の地下鉄駅。みな整列乗車を守っている（提供：中新社）

かつての中国には、行列に並ぶという概念がほとんどなく、駅の窓口やバス停などで、揉《も》みくちゃにされた苦い経験を重ねてきた。割り込みされた際、列のうしろにいた人から、直接の被害者である自分が注意されたことも。彼の言い分は「割り込みされるだけのスペースを空けるな」という理不尽なものだった。

こうした列に並ばない人たちを、当初は苦々しく軽蔑視していたのだが、同情すべき点がないわけではない。とにかく人間の数が多い中国社会では、他人を押しのけてでも自己主張しなければ、生きていけない苛《か》烈《れつ》な時代があったのだ。

割り込みは減ったものの、万博会場を見ても分かるように、中国社会の代名詞ともいえる長蛇の列はいまなお解消されていない。

第三地《ディサンディ》（dì sān dì）

第三地《だいさんち》

お気に入りの場所

自宅、職場に次ぐ〈3番目の場所〉をさす。お気に入りの場所、よく使う待ち合わせ場所、といった意味で使われる。

この言葉は、独身ＯＬなどがよく使う。彼女たちは、自宅をプライベートにおける〈聖地〉としており、よほど親しい間柄でなければ、他人をよぶことはない。

職場は単なる仕事の場。それに対し、よく訪れるお気に入りのバー、喫茶店、クラブなどを「第三地」という。〈行きつけの場所〉という意味では、「老地方《ラオディファン》」もあるが、この言葉におしゃれなニュアンスは感じない。

若い世代にとって「第三地」をもつことは、いまどきのライフスタイルを満喫《まんきつ》するうえで欠かせない要素。「今晩、ご都合がよろしければ、いつもの店で会いましょう。あの店は私の『第三地』です」などと友人を誘う。「第三地」は歓談だけではなく、ＯＬ同士の情報交換の場にもなっている。

「第三地」は、日本のサラリーマンの〈行きつけのスナック〉よりは、もう少し雰囲気のいい場所をさす言葉であるようだ。いずれにせよ、職場と自宅の往復だけという生活は味気ない。

血《シュエ》　拼《ピン》（xuè pīn）

血拼《けつへい》

ショッピング

「陪拼族」の項でも紹介したが、「血拼」とは「shopping」の音訳。主として、一定の経済力をもつ女性が、非理性的に衝動《しょうどう》買いする様子を意味する。

なにやら暴力的で血なまぐさいイメージがある「血拼」という漢字で表記するのは、とくに女性の場合、ショッピングの最中は、ある意味、狂乱状態に陥るからだ。たとえば、「下班後去商場血拼了一場」（退社後、デパートで盛んに買い物をした）、「今日是大血拼」（今日は無我夢中でショッピングした）というように使う。

また、「血拼」から派生して、「血拼族《ズゥ》」（衝動買い族）、「血拼狂《クワン》」（衝動買い中毒）、「血拼癖《ピィ》」（衝動買い癖）などの新しい言葉も生まれた。

このほか、「掃貨《サオフオ》」（買いまくり）という類義語もある。本来は主として観光地で大量に買い物をする場合や、連休中に集中的に買い物する際に使われる。

ちなみに、「血拼」の「拼」の原義は、「命がけ」「必死」など。〈血〉まなこになり、〈必死〉に高級ブランド品を物色する女性たちの姿が目に浮かぶ。

买《マイ》 单《ダン》（mǎi dān）

買単《ばいたん》

お会計

お勘定のこと。もともとは香港で使われていた言葉で、本来の正しい書き方は「埋単」だといわれている。

香港発祥の言葉であるが、いまや「買単」は完全に中国語として定着したといっていい。それまでは「結帳《ジエジャン》」がお勘定の意味で使われていたのだが、最近はあまり耳にしなくなった。

レストランで接待する際、だれしも勘定書をお客さんに見られたくないものだ。そうした接待する側の心理に配慮し、香港では、ウエートレスが勘定書をペーパーナプキンやコップの下に〈埋〉めてもってきてくれる。

「単」は「帳単《ジャンダン》」（勘定書）の意味。広東語の「埋」は北京（標準）語の「買」と発音が近いため、北方に入って来たのち、「買単」となったようだ。

中国では、いちいちレジまで行かなくとも、テーブルで会計してくれる店が多い。ちなみに、割り勘という習慣はあまりなく、誘った人が払うのが一般的。頭数で割り、精算しようとするとケチな人と思われるので、ご注意を。

泡《パオ》 吧《バア》（pào bā）

泡吧《ほうば》

時間をつぶすこと

「吧」とは、ホテルなどのBarを中国語に音訳した言葉。従来は「酒吧《ジウバア》」（バー）をさすことが多かったのだが、最近は幅広い分野で使われている。

「網吧《ワンバア》」（インターネットカフェ）はすでに有名だが、このほか、「書吧《シユウバア》」（ドリンク付きのミニライブラリー）、「陶吧《タオバア》」（陶芸のできる喫茶店）といったユニークな店も。こういった場所で、長い時間を過ごすことを「泡吧」という。

犯罪やネット中毒の温床にもなっており、各地で規制が強化されている「網吧」は、1996年末、北京にオープンしたのがはじまり。その後、一気に人気が爆発し、上海、広州、さらには地方へと、燎原《りょうげん》の烈火の勢いで広まっていった。いまではどんな片田舎でも、「網吧」を目にしないことはない。

一方、「泡」という字は、もともとは時間を無駄に費やすことを表す。だが、それが「泡吧」として使われると、最先端のオシャレな時間の過ごし方のイメージが伝わってくる。

ちなみに、「泡良族《パオリヤンズウ》」は、人妻ナンパに情熱を傾ける人たちのこと。誉められた行為ではないのに、なぜ〈良〉の字が使われているのかよくわからない。

快《クアイ》 餐《ツァン》(kuài cān)

快餐《かいさん》

ファストフード

すでに目新しい言葉ではないが、ファストフードの意味で、「快餐」には、「洋《ヤン》快餐」(洋風)もあるし、「中式《ジョンシイ》快餐」(中華風)もある。

中国のファストフード業界は、大都市を中心に店舗を拡大中の「肯徳基《ケンドゥジー》」(ケンタッキー)、「麦丹労《マイダンラオ》」(マグドナルド)の二大勢力の天下がつづいている。このほか、「必勝客《ビィションクゥ》」(ピザハット)、「哈根達斯《ハーゲンダースー》」(ハーゲンダッツ)、日本の「吉野屋」なども大人気だ。

どの店も、いつも混雑しており、「中国には安くておいしい料理がたくさんあるのに、どうしてこんなに人気があるのだろう」と不思議に感じてしまう。まだ歴史が浅い「快餐」に、舶来《はくらい》の食文化といったオシャレなイメージを抱いている人が多いということらしい。

ただ、順風満帆《じゅんぷうまんぱん》だったファストフード業界が、厳しい競争時代に入ったことも事実。生き残りをかけ、単なる外国の食文化の提供にとどまらず、中国人のニーズに合った〈現地化〉に努めている。

社会は様変わりし、中国も富裕層はゆとりを求める時代に。今後は「快餐」よりも「慢食《マンシー》」(スローフーズ)がもてはやされる時代が訪れるのではないかと思う。

熬《アオ》点《ディエン》（áo diǎn）

熬点《ごうてん》

おでん

日本のおでんの意味。音訳と意訳がうまくミックスされたベストネーミングといえる。

この言葉がよく耳になじんだのは、第一に「熬点」の中国語の発音が、「おでん」と似ているからだ。しかも、ベストな音訳のうえに、「熬点」の漢字表記からは、長く煮詰める、といったおいしそうなイメージが伝わってくる。

中国語の「熬」は、ゆっくり煮詰めるという意味。「点」のほうは、軽食やおやつを意味する「点心《ディエンシン》」を連想させる。

日本生まれの「熬点」は、おもにコンビニなどで売られており、「温かくておいしい」と大好評を博している。子どもたちは、おかずではなく、おやつとして食べているようだ。具材は日本と変わらない。コンビニの店舗数も増えつづけているので、ますます広く浸透するものと思われる。

おでん人気は、今後、北京や上海など大都市から、地方へも広がっていく可能性が高い。日本の食べ物では、ラーメン、牛丼、回転寿司なども、いまではすっかり市民権を得て、幅広い世代に親しまれている。ラーメンでは「味千拉面」、牛丼では「吉野家」が有名だ。中国に滞在中、日本の味が恋しくなったとき、つい足が向いてしまう。

打《ダア》 包《バオ》（dǎ bāo）

打包《だほう》

お持ち帰り

本来、旅行の前に荷物をかばんの内に詰めることや、製品の梱包などを意味する言葉だった。だが現在、「打包」はレストランでよく使われている。

中国のレストランは、どの料理もお皿が大きく、量も非常に多い。数人が一緒に食事をしても、5～6品も注文すれば、全部は食べきれない。

そこで、食べ物を大切にする中国人は、習慣として残った料理をよく持って帰る。その際、店員にかける言葉が「請打包」（包んでください）という常套句《じょうとうく》である。「打包」を嫌がる店はまずない。手際よく、発泡スチロール容器に詰めてくれる。

「打包」という言葉自体、それほど新しいものではないが、人びとのエコ意識の向上によって、「打包」の合理性が改めて評価されているといえるだろう。ただし、持ち帰った発泡スチロール容器の正しい処理も忘れずに。路上などに大量の発泡スチロール容器が投げ捨てられている残念な光景をしばしば目にするが、こうしたゴミの被害は「白色汚染」とよばれ、深刻な社会問題となっている。

ともあれ、レストランでの「打包」は、〈残飯大国〉日本でもぜひ見習いたい習慣だ。

小私族《シャオ スー ズウ》（xiǎo sī zú）

小私族《しょうしぞく》

流行を楽しむ人びと

北京では、「小私族」はトレンドをエンジョイする一族との位置づけである。

彼らは28～45歳で、知的レベルが高く、収入も多い。したがって、ファッションはブランド志向。個性を強調し、エンジョイライフを追求している。

「小私族」には、初級、中級、高級という区分もある。

たとえば、中級の場合、個人の財産管理顧問や弁護士などのスタッフを雇う。外食するときは、こだわりのレストランへ。北京の「二人世界喫茶店」は、「小私族」からの人気がもっとも高い店として有名だ。「小私族」は、自分のプライベートを守ると同時に、他人のプライベートも尊重する。

高級グループを形成しているのは、主として企業の社長で、贅沢ぶりはさらに上をいく。個人の弁護士はもちろん、家政婦、主治医、財テク顧問まで招き、生活の充実を図っている。

まさにセレブを地でいく華麗な生活だが、「私族」という文字からは、唯我独尊《ゆいがどくそん》の雰囲気を感じないでもない。

贺岁片《フウスイピイエン》（hè suì piàn）

賀歳片《がさいへん》

お正月映画

直訳すると、〈新年を祝う映画〉という意味になる。

そのラインナップは、理屈抜きに笑える喜劇や、おめでたい内容の作品など、家族連れで楽しめる作風が主流だ。年末年始は映画市場の書き入れ時といわれているため、毎年12月になると、国産映画にハリウッドの大作も加わり、数々のお正月映画による激しい興行合戦が繰り広げられる。

もともと、「賀歳片」といったコンセプトを映画界に導入したのは香港だが、近年は大陸にも定着した。「AVATAR」のような制作費が高い大作は「大片《ダアピイエン》」という。

フォン・シャオガン（馮小剛）監督が、大陸におけるお正月映画の第一人者とよばれている。名優グォ・ヨウ（葛優）とのコンビは、「男はつらいよ」での山田洋次《やまだようじ》監督と渥美清《あつみきよし》のような関係。中国版の「婚活」をテーマにした2008年公開の「非誠勿擾」（邦題「狙った恋の落とし方。」）は、当時、あのレッドクリフをも上回る、中国映画史上、ナンバーワンの興行成績を記録した。この映画の主要ロケ地は、北海道の道東地方。阿寒、知床、釧路などのロケ地には、いまも中国人ツアー客が殺到しており、〈盆と正月〉が一度に来たような賑わいをみせている。

谋《モウ》女《ニイ》郎《ラン》（móu nǚ láng）

謀女郎《ぼうじょろう》

巨匠監督の主演女優の呼び方

中国映画界を代表する巨匠チャン・イーモウ（張芸謀）監督が手がける映画の主演女優に対するよび方。チャン監督は、北京五輪開会式のパフォーマンスをプロデュースしたことでも知られる。

「紅いコーリャン」の主演女優、コン・リー（鞏俐）をはじめ、チャン監督は、自分の監督作品のなかで、人びとの心を打つ女性のイメージを巧みに育ててきた。「謀女郎」になることは、女優の卵たちの願望。歴代の「謀女郎」のうち、コンやチャン・ツィイー（章子怡）は、国内でトップ女優の座を手中にしたのち、ハリウッドで活躍する国際派女優にまで昇りつめた。

チャン監督が新作を制作するたびに、だれが「謀女郎」にキャスティングされるのか注目されている。最新作「山楂樹之恋」では、無名の高校生ジョウ・ドンユー（周冬雨）を大抜擢。素顔は清純で可憐な少女なのだが、なぜかネット上では、「なぜこんなブサイクな子を」と話題騒然となった。

中国語の「女郎」に〈性の奴隷〉的な意味はまったくなく、「謀女郎」とチャン監督とのあいだに肉体関係が介在することを暗喩《あんゆ》するものではない（コンとの親密な関係は周知の事実であるが）。日本語の「女郎」は「妓《ジィ》女《ニュイ》」「嫖妓《ピャオジィ》」などと表現する。

八卦新闻《バーグアシンウェン》（bā guà xīn wén）

八卦新聞《はっけしんぶん》

ゴシップ報道

個人のプライバシーを覗《のぞ》くのに熱心な、ゴシップ報道の類い。多くの芸能人が、しばしば「八卦新聞」のターゲットにされている。

日本でも〈当たるも八卦、当たらぬも八卦〉という言葉が知られているが、「八卦」自体の意味は、古代、占いに使用された記号のこと。陰陽で構成された線を組み合わせた「八卦」は、自然界・人間界のあらゆる現象が象徴されるといわれた。

「八卦新聞」という言葉は、香港・マカオ・台湾が発祥だ。香港・マカオ・台湾の場合、ゴシップ報道が受け入れられやすい土壌があったことは事実だが、その後、中国でも流行するようになった。

また、新聞関係では、「猛料《モンリャオ》」という言葉もある。これは〈特ダネ〉の意味。ゴシップとは若干ニュアンスが異なり、一大センセーションを巻き起こすようなニュースや情報をさす。当初、広東地区で多く使われていた。

「八卦新聞」のファンは多いものの、日常生活においては、他人のプライバシーを詮索《せんさく》するのが好きな「八卦」的な人は、みんなから嫌われている。

炒《チャオ》 作《ヅォウ》（chǎo zuò）

炒《しょう》作《さく》

ブームを作る

あることをブームに仕立てるという意味。作為的なイメージが強い言葉だが、必ずしも悪い意味とは限らない。

「炒」は読んで字のごとく、炒めることだが、おいしい炒めものを作るには、新鮮な材料と各種調味料、そして絶妙の火加減が必要だ。同じように、新人歌手のデビュー、映画やテレビ番組の新作PRなど、マスコミに大々的に宣伝してもらいたい場面で、それをホットな話題に仕立てる〈調理〉のテクニックが「炒作」といえる。

現在、プロモーションは一大産業となっており、芸能関係のみならず、書籍の出版、レストランやブティックの開店、新しい観光スポットなど、「炒作」式で宣伝される対象は多岐にわたっている。

また、「炒作」には少々下品なニュアンスもあり、たとえば「乳房炒作」なら〈おっぱいポロリ〉。「太腿炒作」なら〈太ももチラリ〉という訳語になろうか。こうした表現は、おもに芸能ニュースのゴシップ記事などで使われている。

ただ、過剰な「炒作」に対する批判的な声がないわけではない。〈炒め方〉を間違えれば、新鮮な素材も台無しになってしまう。

甲型流感《ジャアシンリウガン》（jiǎ xíng liú gǎn）

甲型流感《こうがたりゅうかん》

新型インフルエンザ（Ｈ１Ｎ１型）

２００９年、全国で猛威《もうい》をふるったのが新型インフルエンザ。折しも10月１日に建国60周年の一大イベントを迎えるタイミングだったこともあり、徹底した予防措置が講じられた。

新型インフルエンザが発生して以来、２００３年に大流行した「重症急性呼吸器症候群」（ＳＡＲＳ）での教訓を得た中国政府は、厳しく感染動向を監視・コントロールしてきた。

おもな対策としては、機内での体温検査、患者の隔離治療、入国後の追跡調査などが挙げられる。疑わしい症状が確認された場合は、入国時に入国後の連絡先や電話番号を登録し、１週間のうちに所在地区の病院が毎日電話で入国者の体調を確認することもおこなわれた。

ただ、ＳＡＲＳの蔓延《まんえん》時と同じく、一部では「当局が正確な数字を隠《いん》蔽《ぺい》しているのではないか」との懐疑的な指摘があったことも事実だ。

伝染病関連の単語には、「非典《フェイディエン》」（ＳＡＲＳ）、「禽流感《チンリウガン》」（鳥インフルエンザ）などがある。パンデミックの恐怖を描いた日本映画「感染列島」が10月から中国でも公開されているが、ＳＡＲＳや鳥インフルエンザの大流行と対峙してきた中国だけに、注目を集めそうだ。

亚健康《ヤア ジイエン カン》（yà jiàn kāng）

亜健康《あけんこう》

健康と病気の中間にある半健康状態

完全な健康状態になく、かといって病気でもない状態をさす。漢方用語にある「未病《みびょう》」というニュアンスが近いかもしれない。最近は日本語としても定着してきた。

そのおもな症状は、食欲不振、イライラ、頭痛、不眠など。「第三状態《ディサンジュアンタイ》」ともよばれる。「亜健康」になる人は、おもに30〜45歳の働き盛りが多い。

だんだんと生理的機能や抵抗力が低下していくが、はっきりとした症状や診断基準となるデータがなく、医師も判断しにくいようだ。このように「亜健康」の明確な治療法はないのだが、漢方医は「生活と仕事の環境を改善し、栄養のバランスを考え、ストレスを発散することなどが症状軽減につながる」とアドバイスしている。

健康に不安を抱えるホワイトカラーたちは、「亜健康」対策として、適度な運動と十分な睡眠を挙げているが、男性の場合は禁酒・禁煙との回答も。いずれにせよ、「亜健康」に対する関心は高まっている。

ほかの現代病にも共通することだが、やはりストレスフリーの生活を送ることが「亜健康」から〈亜〉を取り除くもっとも有効な手段であるといえるだろう。

过《グオ》 电《ディエン》（guò diàn）

過電《かでん》

宴会中の乾杯

中国で宴会はつきもの。その宴会スタートの前奏曲は乾杯だが、中国では最近、宴会中の乾杯を「過電」という。「過電」の本来の意味は電気を通すこと。

円卓を囲んで食事をする場合、隣の人以外と乾杯しようとするなら、わざわざ立ち上がって移動しなければならない。最近の新しい乾杯方式「過電」は、コップでテーブルをトントンと叩き、「乾杯《ガンベィ》」と発声して飲む。この方式ならば、体を動かさなくても、電気を通すように自分の敬意を伝えることができる——これが「過電」の由来だ。食事のあいだ、何回してもかまわない。

また、従業員がコップに飲み物を注いでくれた際に、指でテーブルをトントンと叩く人もいる。これは「謝謝」の意味。いちいち声に出さなくとも、指で謝意を伝えているわけだ。

中国の宴会は、とにかく乾杯の嵐。とくにゲストとして招かれた席では、ちびちびと飲んでいるわけにもいかない。「過電」は便利なシステムだが、宴会に欠かせない「白酒《バイジウ》」は非常にアルコール度数が高く、何度も繰り返していると、体のほうが電気を打たれたように動けなくなってしまう。

黑马《ヘイマア》(hēi mǎ)

黒馬《こくば》

意外に能力をもっている人

実力の測りがたい競争相手や、思いがけない潜在力のある優秀な人材、団体などをさす。

日本語のダークホースと同じような意味である。「黒社会《ヘイシュウホイ》」(マフィア)「黒色経済《ヘイスウジンジー》」(ヤミ経済)などのように、ほかの「黒」がつく言葉とは違い、ダーティーなイメージはない。

「黒馬」は人を誉める代名詞となっている。外交手腕のある外交官は、外交界の「黒馬」、予想外の成績をあげて注目を浴びるスポーツ選手は、スポーツ界の「黒馬」。「白馬」はしばしば〈王子〉とセットで表現されるが、「黒馬」の場合はズバリ実力者をさすようだ。

ちなみに、競馬の世界で使われる〈穴馬〉的な意味のダークホースは、「冷門《ロンメン》」「大冷門《ダアロンメン》」(大穴)などと表現する。表向きギャンブル厳禁の中国では馬券を発売する競馬はおこなわれていないが、競馬が盛んな香港の競馬新聞には、この「冷門」という文字が大きく踊っている。

「黒馬」として注目されるために、激烈な競争を勝ち抜かなければならないのは、人も競走馬も同じだ。負ければ「駑馬《ヌウマア》」(駄馬)扱いされてしまう。

刷《シュア》　卡《カア》（shuā kǎ）

刷卡《さっか》

クレジット払い

買い物をする際に「信用卡《シンヨンカア》」（クレジットカード）で支払うこと。「刷」はカードを機械に通す動作を意味する。

中国では、まだクレジットカードの使用率が日本ほど高くない。使用可能なのは、ホテルや大手スーパーしかなく、店舗全体の約３％程度。一般商店やレストランでは、現金払いが基本である。

クレジットカードの普及が遅れている理由は、カードの申請手続きが煩雑《はんざつ》なうえ、ある程度の預金がなければ審査が通らないなど、条件が非常に厳しいため。現状においては、クレジットカード所有者は一定レベルの富裕層に限られている。

とはいえ、政府はクレジットカードの使用環境を改善しており、大都市においては、カード使用の一般化もそう遠くないはずだ。しかし、広大な農村でカードが普及するには、まだまだ時間を要するだろう。

カード払いを好む人たちは、「刷卡族」とよばれている。新型肺炎ＳＡＲＳが猛威をふるった際には、「現金を授受すると感染のおそれがある」との噂が流れ、カードで支払う人が急増したエピソードがある。

中国のクレジットカードで代表的なものが〈銀聯カード〉。日本を訪れる中国人観光客の増加に対応すべく、日本各地でこの〈銀聯カード〉を取り扱う店舗が増えている。

丁宠家庭《ディン チョン ジャア ティン》（dīng chǒng jiā tíng）

丁寵家庭《ていちょうかてい》

子どもをもうけずにペットを飼う家庭

子どもをもたずに、ペットを飼う家庭のこと。最近は中国で、朝に散歩をしていると、犬を連れた人によく出会う。

彼らは、ペットに手厚い生活環境を与え、ペットを精神的な拠《よ》りどころとしている。「子どもを作らない」「ペットを飼う」——ひと昔前の中国社会にはなかった新しいライフスタイルだけに、現状における「丁寵家庭」は、やはり大都市に多い。

「丁寵家庭」の「丁」は、英語「DINKS」を音訳した「丁克族《ディンクウズウ》」の意味。伝統的・保守的な大家族主義思想の桎梏《しっこく》から脱し、自由気ままなふたりだけの生活を重視するものだが、それでもときに子どもがいない寂寞感《せきばくかん》は隠せない。そこで、その寂しさを埋めるのが、家族の一員である「寵物《チョンウー》」（ペット）というわけだ。いまや大都市に暮らす人たちのあいだで、「ペットは家族も同然」との考えはごく一般的なものとなっている。「丁寵家庭」の増加とともに、ペット関連の産業もつぎつぎと登場している。

ただ、ペット人気が高まる一方で、イヌはおろかネコまで食べてしまうのが中国の食文化。もちろん、ペット用とは種類が異なるのだが、中国は奥が深い。

三哈女《サンハーニイ》（sān hā nǚ）

三哈女《さんはじょ》

創造力に富んだ女性

「三哈」とは、「哈根達斯《ハーゲンダースー》」（ハーゲンダッツ）、「哈貝馬斯《ハーベイマアスー》」（ハーバーマス）、「哈利波特《ハーリイポートゥ》」（ハリーポッター）の頭文字。「三哈女」は、この三者を一体にした女性をさすのだそうだ。

3つの「哈」だけでは、どんな女性像なのかイメージが浮かんでこないが、高価なアイスクリーム「ハーゲンダッツ」は贅沢の象徴、ドイツの哲学者「ハーバーマス」は理性と知恵の象徴、超能力をもった「ハリーポッター」は創造力の象徴。つまり、物質文化を享受しながら、なおかつ創造力に富み、理性と思想を深く追求する女性をさす。

プチ・ブルジョアの生活を送る女性を意味する「小資」という言葉があるが、「三哈女」は「小資」に対していう「大資《ダアズー》」。プチ・ブルジョアよりは、もう少しレベルの高い生活を送っているようだ。

広州のあるメディア会社に勤めているAさんは典型的な「三哈女」。創造力が豊かで、友達のあいだでも人気が高い。時間があるときには、コーヒーを飲みながら、パソコンで勉強し、新しい知識を吸収している。絶えず向上心は忘れない。

小難しい「ハーバーマス」はさておき、ハーゲンダッツのアイスクリームを食べ、ハリーポッターのDVDを見ている女性は〈三哈女〉とでもよべばいいのだろうか。それだけで、十分幸せな感じもするが。

干物女《ガン ウー ニイ》（gān wù nǚ）

干物女《ひものおんな》

ひものおんな

綾瀬はるか主演の「ホタルノヒカリ」というドラマをご存じだろうか。主人公はファッションに無頓着で、家では基本ジャージ姿。恋愛をはじめ、あらゆることを面倒がり、休日は家で酒を飲みながらゴロゴロ過ごす。そんな色気とは無縁の女性を〈干物女〉という。

中国語の「干物女」も意味は同じ。干しシイタケや干し貝柱のように乾いた女性をさす。

「リラックスすること」「一事が万事、楽をすること」がモットー。彼女たちは、恋愛を基本的に放棄しており、食べ物も服装も気にしない。「どうでもいい」「面倒くさい」が口癖だ。休日の大部分の時間を、家でダラダラと過ごす。ソファに横になり、飲み物を片手にテレビやＤＶＤを見たり、パソコンに向かうことが大好き。

最近、出版された「我系干物女」というマンガは「干物女」のライフスタイルや心に秘めた本音を描いた人気作品だ。マンガに加え、星座占い、性格診断など女性読者の関心が高い要素も盛り込まれているので、絶大な支持を集めている。

一見、モテないイメージの「干物女」だが、ただ派手に着飾り、つねに条件のいい男性を物色している〈肉食系女子〉よりは付き合いやすいはず。干物同様、噛めば噛むほど味が出てくると思うのだが。

おわりに

不幸な過去の歴史を背負った日本と中国の関係は、先般の尖閣諸島問題に象徴されるように、いまだ政治的な要因によって翻弄されてしまうという宿命から逃れられずにいる。しかし、ときに根深い対立の構図や反日・反中スローガンが表面化したとしても、お互いが深く、広く、長く付き合っていかなければ国家が存立し得ないこともまた宿命であり、それは日中両国民とも百も承知のはずだ。双方で展開された一連のネガティブキャンペーンは、単なる〈ガス抜き〉にすぎないと信じたい。

中国を指して〈悪しき隣人〉と称した政治家がいたが、名実ともに超大国となった隣人は、はたしてマスコミで報じられるイメージそのままの性悪な存在なのだろうか——。

本書を編むにあたっては、時代を如実に映す「新語・流行語」を通して、マスコミではあまり取り上げられる機会がない、リアルな中国像・中国人像をひとりでも多くの日本人に知ってもらうことに主眼を置いた。編集上の都合から、五十音順にはせず、11のジャンルに大別したのだが、各章の単語数にばらつきがあるのは、ジャンルごとのバランスよりも前述の編集方針を重視したためである。従って、市井の人びとの暮らしとは縁遠い「政治・経済」に関する言葉は、あえてほとんど収録しなかった。

本書に登場する人びとは、富裕層からワーキングプアまで階層はさまざまだが、バブルな生活を満喫し、就職難や住宅難に苦吟し、幸せな結婚を夢想し、権力者の横暴と堕落に憤慨し、IT文化やサブカルチャーに没頭し、株投資に熱中し――といったように、そこには日本人と何ら変わらぬ欲望、そして喜怒哀楽がある。つまり、13億ともいわれる巨大な人口の大多数を占めているのは、われわれと同じ感情や価値観をもった、ごくふつうの人びとであるということだ。

ここまで説明すれば、冒頭で触れた〈悪しき隣人〉であるか否かの、筆者の見解を示す必要はないだろう。読後の中国観・中国人観については、読者諸兄それぞれの判断に委ねるほかない。


約200語（表題以外も含む）の収集と語彙の解説は、北京在住の郭雅坤氏に担当していただいた。ベテラン女性翻訳者である郭氏は、日本生活も長く、日中両国の文化に精通しており、氏の正確かつ詳細な資料がなければ、本書は日の目をみなかった。北京を訪れるたび、「内海ちゃん、日本のコンビニのおにぎりが食べたいなあ」と口にする郭氏の温顔が目に浮かぶ。

また、なかなか筆が進まぬ筆者に有益なアドバイスをくださり、単語のルビ打ちなど細かい作業で骨を折っていただいた明石書店の黒田貴史氏、大槻武志氏、佐藤和久氏、本企画の実現にご尽力され、資料整理と「はじめに」でも協力を仰いだアジア総合通信社編集長の中田勝美氏、以上の各氏に紙上を借りて厚く御礼を申し上げたい。

平成22年初冬

内海　達志

している幹部〕 **75**
拉圾郵件〔迷惑メール〕 **107**
裸婚〔ジミ婚〕 **44**
裸体官員〔→裸官〕 *75*
辣奢族〔高級ブランド熱狂的に追い求める人〕 **24**
辣面〔何度も面接の機会を求めて歩く〕 **37**
藍天計画〔青空を取り戻す環境運動〕 **123**
藍領〔ブルーカラー〕 *25*

リ

留学仲介公司〔留学仲介サービス会社〕 *135*
竜頭〔リーダーシップ〕 **148**
竜頭股〔値上がり見込みの有望株〕 *148*
竜頭企業〔その分野のリーダー的企業〕 *148*
竜頭産品〔先鋭製品〕 *148*
流動人口〔地方出身の出稼ぎ労働者〕 **18**
猟頭〔ヘッドハンティング〕 **150**
両免一補〔義務教育における貧困家庭に対する補助政策〕 **27**
緑客〔スマートかつクリーンな生き方の人たち〕 *105,* **120**
緑色出行〔クリーンな環境を意識しての出勤形態〕 **128**
緑色食品〔無公害食品〕 **118,** *120*

ル

留守児童〔留守人口のうちのこども〕 *16, 17*
留守女性〔留守人口のうちの女性〕 *16*
留守人口〔出稼ぎ者の留守家族〕 **16**
留守老人〔留守人口のうちの老人〕 *16*

レ

冷門〔穴馬〕 *205*

ロ

楼脆脆〔建物がもろい〕 *77*
老公寄存処〔デパートにおける夫の避難所〕 **65**
楼垮垮〔建物が倒れそう〕 *77*
老地方〔行きつけの場所〕 *190*
牢頭獄覇〔牢名主〕 *73*
楼抖抖〔建物が揺れる〕 *77*
労働模範〔模範的労働者〕 *130*
楼薄薄〔使用建材が薄すぎる〕 *77*
楼歪歪〔手抜きによる欠陥建築〕 **77**
廬舎族〔ネット上でのチャットやゲームに浸り、その日暮らしをする人びと〕 *91*

ワ

和諧号〔高速列車〕 **178,** *179*
和諧社会〔調和のとれた社会〕 *178*

人〕 **100**
香港迪士尼楽園〔香港ディズニーランド〕 *183*

マ

埋単〔お勘定〕 *192*
慢食〔スローフーズ〕 *194*

ミ

未富先老〔社会が豊かになる前に老人の割合が増えてしまった状況〕 **158**

ム

無効婚姻〔婚姻届を出していない結婚〕 **57**

メ

迷魂薬〔エクスタシー、ＭＤＭＡ〕 *83*
名牌〔ブランド〕 *71*
面覇〔ベテラン面接官〕 *37*

モ

網貨〔オンラインショップの商品〕 *93*
網購〔ネットショッピング〕 *93*
網祭〔ネット墓参〕 **103**
網商〔オンライン経営者〕 **93**
網上購物〔ネットショッピング〕 **92**
網上小説〔インターネット小説〕 **98**
網吧〔インターネットカフェ〕 *193*
網絡新貴〔ネットで儲けた人〕 **94**
網絡成癮症〔ネット中毒〕 **90**, *91*
網聊〔チャット〕 **97**
猛料〔特ダネ〕 *200*
網恋〔ネット恋愛〕 **95**

ユ

遊戯規則〔ゲーム性のルール〕 *82*
悠客〔職にも就かず、ぶらぶらと自堕落な生活を送る若者〕 *40*
郵件〔Ｅメール〕 *101*
夕発朝至〔夕方に出発、朝に到着〕 *131*
有碗族〔公務員〕 *48*
油荒〔ガソリン不足〕 *137*

ヨ

洋快餐〔洋風ファストフード〕 *194*
揺頭丸〔エクスタシー（ＭＤＭＡ）〕 **83**
洋漂族〔外国人労働者〕 **34**
４２１家庭〔現代中国の典型的な家族構成〕 **160**

ラ

雷人〔強い驚きをあらわす〕 **99**
雷人髪型〔驚くような髪型〕 *99*
雷人広告〔びっくりするような広告〕 *99*
雷人発言〔理解に苦しむ発言〕 *99*
雷人服装〔驚くような服装〕 *99*
裸官〔海外逃亡のための手立てを用意

哈根達斯〔ハーゲンダッツ〕 *194, 208*
80 後〔1980 年以降生まれの世代〕 *14, 62*
八卦新聞〔ゴシップ報道〕 **200**
哈日族〔日本の流行が好きな人びと〕 **164**
哈貝馬斯〔ハーバーマス〕 *208*
哈利波得〔ハリーポッター〕 *208*
飯局〔会食〕 **84**
半糖夫妻〔週末婚カップル〕 **63**
半裸婚〔マイホームなどはあきらめるが、簡単な結婚式は挙げる〕 *45*
飯碗〔安定した生活のシンボル〕 *48*

ヒ

必勝客〔ピザハット〕 *194*
非典〔SARS〕 *202*
非法同居〔違法な同棲〕 *57*
干物女〔ひものおんな〕 **209**
嫖妓〔娼婦〕 *199*
美麗産業〔美容・化粧品産業〕 **141**

フ

富一代〔改革開放後、先に豊かになった世代〕 *14*
負翁〔借金してまでも派手にふるまう人〕 **21**
富翁〔富豪〕 *21*
浮磁〔リニアモーターカー〕 *179*
富二代〔成金二世〕 **14**, *15*
粉絲〔追っかけ〕 **172**

ヘ

返璞族〔自然に戻ろうと考える若者たち〕 **124**

ホ

跑官〔官職や出世のためにかけずりまわる〕 **76**
謀女郎〔巨匠監督の主演女優の呼び方〕 **199**
傍大官〔官僚と親密な関係になり利益を得ようとすること〕 *173*
傍大款〔金持ちにすり寄り利益を得ようとする女性〕 **173**
房奴〔住宅ローン返済に苦しむ人びと〕 **30**, *31*
泡吧〔時間をつぶすこと〕 **193**
傍名牌〔有名ブランドまがいのコピー商品〕 **71**
傍名人〔有力者の力を借りるために、何とかして有名人に近付こうとして画策すること〕 *173*
泡良族〔人妻ナンパに情熱を傾ける人〕 *193*
傍老外〔外国人と親密な関係を築き海外出国を図ること〕 *173*
北大荒〔北京在住で 30 歳を過ぎても男性を知らない女性〕 **52**
北漂一族〔北京で仕事を探す芸能人、北京に籍がないクリエーター〕 *34*, **35**
拇指族〔親指でのキー操作にすぐれた

テ

丁克族〔DINKS〕 *207*
低炭技術〔二酸化炭素削減技術〕 *126*
低炭経済〔二酸化炭素削減をめざす経済〕 *126*
低炭生活〔二酸化炭素削減をめざす生活〕 **126**
低炭製品〔二酸化炭素削減製品〕 *126*
丁寵家庭〔子どもをもうけずにペットを飼う家庭〕 **207**
低保〔社会最低生活保障〕 **23**
鉄絲〔熱狂的なファン〕 *172*
電拒〔電話での不採用通知〕 **36**, *37*
電荒〔電力不足〕 **137**
電子月餅〔ネット上の月餅〕 *103*
電子信函〔Eメール〕 *101*
電子信件〔Eメール〕 *101*
電郵〔Eメール〕 *101*

ト

陶吧〔陶芸のできる喫茶店〕 *193*
盗版〔海賊版〕 *70*
豆腐渣工程〔手抜き工事〕 *77*
動漫〔アニメーション〕 **169**
等離子電視〔プラズマテレビ〕 **112**
套牢股〔塩漬け株〕 **152**
貪内助〔汚職行為を助勢する妻〕 **86**

ノ

農民工〔農村からの出稼ぎ者〕 *27*

ハ

灰色経済〔納税されないグレーゾーン領域の資金〕 *138*
灰色収入〔副収入〕 **139**
敗家子〔放蕩息子〕 *167*
買官〔官位を買うこと〕 **74**, *76*
売官〔官位を売ること〕 *74, 76*
煤荒〔石炭不足〕 *137*
排隊日〔マナーを守って列に並ぶ日〕 **188**
買単〔お会計〕 **192**
陪拼〔ショッピングにおつきあいする〕 *49*
陪拼族〔ショッピングにおつきあいする男性〕 **49**, *65, 191*
灰領〔グレーカラー〕 **25**
哈韓族〔韓国のファッションなどを真似る若者〕 *164*
博客〔ブログ〕 *104*
白骨精〔エリート女性〕 **22**
拍照手機〔カメラ機能のついた携帯電話〕 **102**
白色汚染〔白い色のゴミ〕 *83*, **119**, *196*
白色収入〔通常の給与やまっとうな労働で得る報酬〕 *139*
麦丹労〔マクドナルド〕 *194*
白奴〔各種ローンの資金繰りに苦しむホワイトカラー〕 *21*
麦覇〔マイクを離さない人〕 **165**
白領〔ホワイトカラー〕 *22, 25*

146
世界杯〔ワールドカップ〕 *182*
節能住宅〔省エネ住宅〕 **125**
世博会〔万博〕 **182**
潜規則〔暗黙の了解〕 **82**
全職先生〔無職で家事一切をこなす男性〕 **61**
洗銭〔マネーロンダリング〕 *81*

ソ

双贏〔ウィンウィン〕 **142**
掃貨〔買いまくり〕 *191*
双向収費〔中国の携帯電話料金システム〕 **113**
双職工〔共働き〕 *61*
痩身族〔ダイエットを心掛けている人〕 **170**
挿隊〔割り込み〕 *188*
桑拿天〔猛暑〕 **116**
巣鳥〔技術レベルの低い人〕 *166*
走班族〔徒歩通勤者〕 **121**

タ

第三状態〔半健康状態〕 *203*
第三地〔お気に入りの場所〕 **190**
大資〔ブルジョワ〕 *208*
大片〔制作費の高い大作映画〕 *198*
大冷門〔大穴〕 *205*
宅女〔オタク女性〕 *161*
宅男〔オタク〕 **161**
托老所〔老人ホーム〕 **159**
黄昏恋〔老いらくの恋〕 **54**
躲猫猫〔留置場での不審死〕 **73**
打包〔お持ち帰り〕 **196**
単向収費〔かけるほうだけが料金負担するシステム〕 *113*

チ

地下経済〔ヤミ経済〕 *81*
知商〔知能指数、ＩＱ〕 *156*
知情権〔知る権利〕 **143**
仲介費〔仲介料〕 *135*
仲介服務〔仲介サービス〕 **135**
仲介服務公司〔仲介サービス会社〕 *135*
中式快餐〔中華風ファストフード〕 *194*
釣魚執法〔悪質なおとり捜査〕 **72**
潮語〔潮人たちによく使われている言葉〕 *168*
超女〔スター誕生番組で生まれたアイドル〕 **171**
潮人〔最先端の流行にめざい人びと〕 **168**
潮人髪型〔潮人たちがよくする髪型〕 *168*
潮人服飾〔潮人たちがよく着る服〕 *168*
超前消費〔過剰な消費行動〕 **147**
帳単〔勘定書〕 *192*
寵物〔ペット〕 *207*

ツ

追星族〔追っかけ〕 *172*

国資本」企業〕 *141*
三哈女〔創造力に富んだ女性〕 **208**
「三非外国人」〔３つの法を犯している外国人〕 **68**, *69*

シ

自駕遊〔自家用車での旅行〕 **185**
時尚一族〔いまどきの若者たち〕 **163**
自助遊〔自由旅行〕 *176*
四世同堂〔４世代同居〕 *160*
慈善垃圾〔役に立たない慈善機関からの品物〕 **122**
七厘散〔離婚をちらつかせ亭主関白の地位を保つ〕 **64**, *65*
視頻〔動画〕 **106**
蛇頭〔スネークヘッド〕 *69*
自由職業者〔フリーター、自由業者〕 **40**
手機新聞〔携帯新聞〕 **111**
手機短信〔携帯のショートメール〕 *101*
主題公園〔テーマパーク〕 **183**
出境遊〔海外旅行〕 **176**
酒吧〔バー〕 *193*
炒基〔ファンド取引〕 *153*
炒基金〔ファンド取引〕 *32*
炒金〔ゴールド売買〕 *32*
炒股〔株の売買〕 *32*
炒作〔ブームを作る〕 **201**
小資〔プチ・ブルジョワ〕 *52, 208*
小時工〔パート労働者〕 **41**
小私族〔流行を楽しむ人びと〕 **197**
常住人口〔現地に戸籍をもつ者〕 *18*
剰女〔婚期を逸した女性〕 **46**, *47*
情商〔感情指数、ＥＱ〕 *156*
炒新聞〔煽り記事〕 *32*
搶灘〔市場に乗り込む〕 **149**
小長假〔３連休〕 **184**
剰男〔婚期を逸した男性〕 *46*
鐘点工〔パートタイマー〕 *41*
炒房〔不動産の転売〕 **32**
炒明星〔有名人のスキャンダル報道〕 *32*
炒鱿魚〔クビにする〕 *38*
書吧〔ドリンク付きのミニライブラリー〕 *193*
申遺〔世界遺産登録申請〕 **181**
申奥〔五輪招致〕 *182*
人材租賃〔人材派遣〕 **133**
人造美女〔整形美女〕 **51**
人妖〔ニューハーフ〕 *51*
信用卡〔クレジットカード〕 *206*
心理在線〔インターネットカウンセリング〕 *96*

ス

水貨〔ニセモノ〕 **88**
水貨膠巻〔ニセフィルム〕 *88*
水貨公司〔ニセ会社〕 *88*

セ

精英〔エリート〕 *22*
政績〔政治的業績〕 *78*
生探〔優秀な生徒をスカウトする〕

合祖族〔ルームシェアする人びと〕 **33**
熬点〔おでん〕 **195**
肯徳基〔ケンタッキー〕 *194*
考碗族〔公務員試験を受ける人びと〕 *48*
酷〔すごい〕 **166**
黒客〔ハッカー〕 *105*
黒哨〔八百長審判〕 **87**
黒色経済〔ヤミ経済〕 **81,** *205*
黒色収入〔不正な手段で得る収入〕 *139*
黒色食品〔黒っぽい色をした栄養豊富な食品〕 *118*
黒銭〔ブラックマネー〕 *81*
黒馬〔意外に能力をもっている人〕 **205**
骨干〔中堅〕 *22*
股票〔株券〕 *153, 155*
股票家教〔株について教えてくれる人〕 **155**
股民〔株に投資する人〕 *153*
婚活〔結婚相手を探す行動〕 *46,* **47,** *58, 95, 198*
婚活族〔婚活に情熱を燃やす人びと〕 *47*
齦老族〔親のすねをかじる子ども〕 **167**

サ

裁員〔リストラ〕 **38**
妻管厳〔恐妻家、カカア天下〕 *64*
財商〔儲ける能力を表す指数〕 **156**
彩信〔マルチメディアのショートメッセージ〕 *111*
在線〔on line〕 **96**
在線点播〔インターネットでのリクエスト〕 *96*
在線拍売〔インターネットオークション〕 *96*
在線遊戯〔インターネットゲーム〕 *96*
妻離散〔離婚をちらつかせ亭主関白の地位を保つ〕 *64*
彩鈴〔着信メロディー〕 **109**
彩鈴人〔着信メロディー制作者〕 *109*
沙塵暴〔春の砂嵐〕 **117**
刷卡〔クレジット払い〕 **206**
刷卡族〔カード払いを好む人びと〕 *206*
刷博〔アクセスカウントの水増し〕 **104**
三維動画〔３Dのアニメーション〕 **110**
三化草地〔「退化」「砂漠化」「アルカリ化」した草地〕 **127**
三高一低〔エコロジー時代に逆行する企業〕 **145**
山寨〔コピー〕 **70**
山寨歌曲〔コピー曲〕 *70*
山寨手機〔携帯電話のコピー商品〕 *70*
山寨文化〔コピー文化〕 *70*
三資企業〔「合弁」「合作」「100％外

過電〔宴会中の乾杯〕 **204**
家電下郷〔農村部の家電販売促進キャンペーン〕 **20**, *112*
卡拉 OK〔カラオケ〕 *165*
過労模〔働き過ぎの模範的労働者〕 **130**
嫁碗族〔公務員との結婚を望む女性〕 **48**
歓楽谷〔中国初のテーマパーク〕 *183*

キ

基金〔ファンド〕 *153*
既婚「単身族」〔既婚の身でありながら、独身生活を送っている人〕 **62**
妓女〔娼婦〕 *199*
基民〔ファンドに投資する人〕 **153**
急嫁族〔急いで嫁になりたがる大卒者〕 **58**
救市〔市場救済〕 **154**
九点現象〔夜9時まで営業時間をのばすこと〕 **140**
窮二代〔貧困の連鎖〕 *15*
恐婚族〔結婚が恐い人〕 **60**
恐醜症〔醜いことを恐れる病〕 **59**
恐竜〔醜い容姿の人〕 *166*
「虚高」現象〔水増し〕 **78**
禽流感〔鳥インフルエンザ〕 *202*

ク

空中教室〔テレビ教室〕 **134**
黒社会〔マフィア〕 *205*
黒仲介公司〔いかさま仲介サービス会社〕 *135*

ケ

軽軌〔シティレール〕 *179*
京滬高鉄〔北京・上海間に建設中の高速鉄道〕 *179*
下課〔クビになる〕 **39**
結帳〔お勘定〕 *192*
血覇〔血液売買のブローカー〕 **85**
血拼〔ショッピング〕 *49*, **191**
血拼狂〔衝動買い中毒〕 *191*
血拼族〔衝動買い族〕 *191*
血拼癖〔衝動買い癖〕 *191*
炫富〔富をひけらかす〕 **26**
献礼工程〔突貫工事で進めるプロジェクト〕 **79**

コ

行貨〔正規ルートを通して仕入れた商品〕 *88*
甲型流感〔新型インフルエンザ（H1N1型)〕 **202**
紅眼航班〔睡眠時間中に運航するフライト〕 **131**
紅客〔中国人ハッカー〕 **105**
光棍節〔シングルの日〕 **50**
鋼絲〔熱狂的なファン〕 *172*
紅哨〔公正な審判〕 *87*
紅色資源〔革命に由来する観光資源〕 **180**
高清頻道〔ハイビジョンチャンネル〕 **108**

索　引（日本語読み）

本書にあらわれる中国語を五十音順に配列する。見出し語として掲載されているページ数は、立体太字であらわした。そのほかはイタリック体であらわした。

ア

愛情運動会〔独身者向けイベント〕 *50*
愛情在線〔オンライン結婚相談〕 *96*
愛情帳戸〔恋し愛する二人の共同の預金口座〕 **55**
亜健康〔健康と病気の中間にある半健康状態〕 **203**
蟻族〔高学歴のワーキングプア〕 **12,** *13, 19, 33*

イ

医托〔悪徳医師と結託したブローカー〕 **80**
異地婚姻〔上海人とほかの地域出身者との結婚〕 **56**
一夜情〔ワンナイトラブ〕 *53*
伊妹児〔Eメール〕 **101**
移民仲介公司〔移民のための仲介サービス〕 *135*
隠形経済〔ヤミの経済〕 *81,* **138**
隠形富豪〔金持ちであることを知られないようにしている人びと〕 *26*
引智〔海外の頭脳を引き入れること〕 **144**

オ

奥運〔オリンピック〕 *182*
黄金周〔5月1日からのメーデー連休〕 *184*

カ

海帰派〔学問や技術を身につけ海外からもどった留学生や技術者〕 **136,** *144*
海亀派〔→海帰派〕 *136*
快餐〔ファストフード〕 **194**
海宝〔ハイバオ〕 *182*
外来人口〔地方からの出稼ぎ者〕 *18*
花花公子〔プレイボーイ〕 *53*
蝸居〔ウサギ小屋〕 *12,* **19,** *30*
家教〔家庭教師〕 *155*
角色扮演〔コスプレ〕 **162**
賀歳片〔お正月映画〕 **198**
花心〔浮気〕 **53**
臥艙式旅店〔カプセルホテル〕 **132**
家庭主夫〔家事を手伝い、子どもの面倒も見て、妻をいたわる夫〕 *161*
家庭婦女〔一般的な主婦〕 *61*

xuè pīn kuáng〔血拼狂〕 *191*
xuè pīn pǐ〔血拼癖〕 *191*
xuè pīn zú〔血拼族〕 *191*

Y

yà jiàn kāng〔亚健康〕 **203**
yáng kuài cān〔洋快餐〕 *194*
yáng piāo zú〔洋漂族〕 **34**
yáo tóu wán〔摇头丸〕 **83**
yī mèi ér〔伊妹儿〕 **101**
yī tuō〔医托〕 **80**
yī yè qíng〔一夜情〕 *53*
yí mín zhòng jiè gōng sī〔移民仲介公司〕 *135*
yǐ hūn dān shēn zú〔已婚「单身族」〕 **62**
yǐ zú〔蚁族〕 **12**, *13*, *19*, *33*
yì dì hūn yīn〔异地婚姻〕 **56**
yǐn xíng fù háo〔隐形富豪〕 *26*
yǐn xíng jīng jì〔隐形经济〕 *81*, **138**
yǐn zhì〔引智〕 **144**
yōu kè〔悠客〕 *40*
yóu huāng〔油荒〕 *137*
yóu jiàn〔邮件〕 *101*
yóu xì guī zé〔游戏规则〕 *82*
yǒu wǎn zú〔有碗族〕 *48*

Z

zài xiàn〔在线〕 **96**
zài xiàn diǎn bō〔在线点播〕 *96*
zài xiàn pāi mài〔在线拍卖〕 *96*
zài xiàn yóu xì〔在线游戏〕 *96*
zhái nán〔宅男〕 **161**
zhái nǚ〔宅女〕 *161*
zhàng dān〔账单〕 *192*
zhèng jì〔政绩〕 *78*
zhī qíng quán〔知情权〕 **143**
zhī shāng〔知商〕 *156*
zhōng diǎn gōng〔钟点工〕 *41*
zhōng shì kuài cān〔中式快餐〕 *194*
zhòng jiè fèi〔仲介费〕 *135*
zhòng jiè fú wù〔仲介服务〕 **135**
zhòng jiè fú wù gōng sī〔仲介服务公司〕 *135*
zhǔ tí gōng yuán〔主题公园〕 **183**
zhuī xīng zú〔追星族〕 *172*
zì jià yóu〔自驾游〕 **185**
zì yóu zhí yè zhě〔自由职业者〕 **40**
zì zhù yóu〔自助游〕 *176*
zǒu bān zú〔走班族〕 **121**

shì pín〔视频〕 **106**
shǒu jī duǎn xìn〔手机短信〕 *101*
shǒu jī xīn wén〔手机新闻〕 **111**
shòu shēn zú〔瘦身族〕 **170**
shū bā〔书吧〕 *193*
shuā bó〔刷博〕 **104**
shuā kǎ〔刷卡〕 **206**
shuā kǎ zú〔刷卡族〕 *206*
shuāng xiàng shōu fèi〔双向收费〕 **113**
shuāng yíng〔双赢〕 **142**
shuāng zhí gōng〔双职工〕 *61*
shuǐ huò〔水货〕 **88**
shuǐ huò gōng sī〔水貨公司〕 *88*
shuǐ huò jiāo juǎn〔水貨膠卷〕 *88*
sì èr yī jiā tíng〔4 2 1 家庭〕 **160**
sì shì tóng táng〔四世同堂〕 *160*

T

tān nèi zhù〔贪内助〕 **86**
táo bā〔陶吧〕 *193*
tào láo gǔ〔套牢股〕 **152**
tiě sī〔铁丝〕 *172*
tuō lǎo suǒ〔托老所〕 **159**

W

wài lái rén kǒu〔外来人口〕 *18*
wǎng bā〔网吧〕 *193*
wǎng gòu〔网购〕 *93*
wǎng huò〔网货〕 *93*
wǎng jì〔网祭〕 **103**
wǎng liàn〔网恋〕 **95**
wǎng liáo〔网聊〕 **97**
wǎng luò chéng yǐn zhèng〔网络成瘾症〕 **90**, *91*
wǎng luò xīn guì〔网络新贵〕 **94**
wǎng shāng〔网商〕 **93**
wǎng shàng gòu wù〔网上购物〕 **92**
wǎng shàng xiǎo shuō〔网上小说〕 **98**
wèi fù xiān lǎo〔未富先老〕 **158**
wō jū〔蜗居〕 *12*, **19**, *30*
wò cāng shì lǚ diàn〔卧舱式旅店〕 **132**
wú xiào hūn yīn〔无效婚姻〕 **57**

X

xī fā zhāo zhì〔夕发朝至〕 *131*
xǐ qián〔洗錢〕 *81*
xià kè〔下课〕 **39**
xiàn lǐ gōng chéng〔献礼工程〕 **79**
xiāng gǎng dí shì ní lè yuán〔香港迪士尼乐园〕 *183*
xiǎo cháng jià〔小长假〕 **184**
xiǎo shí gōng〔小时工〕 **41**
xiǎo sī zú〔小私族〕 **197**
xiǎo zī〔小资〕 *52*, *208*
xīn lǐ zài xiàn〔心理在线〕 *96*
xìn yòng kǎ〔信用卡〕 *206*
xū gāo xiàn xiàng〔「虚高」现象〕 **78**
xuàn fù〔炫富〕 **26**
xuè bà〔血霸〕 **85**
xuè pīn〔血拼〕 *49*, **191**

màn shí〔慢食〕 *194*
méi huāng〔煤荒〕 *137*
měi lì chǎn yè〔美丽产业〕 **141**
měng liào〔猛料〕 *200*
mí hún yào〔迷魂药〕 *83*
miàn bà〔面霸〕 *37*
míng pái〔名牌〕 *71*
móu nǚ láng〔谋女郎〕 **199**
mǔ zhǐ zú〔拇指族〕 **100**

N

nóng mín gōng〔农民工〕 *27*

P

pāi zhào shǒu jī〔拍照手机〕 **102**
pái duì rì〔排队日〕 **188**
pǎo guān〔跑官〕 **76**
pào bā〔泡吧〕 **193**
pào liáng zú〔泡良族〕 *193*
péi pīn〔陪拼〕 *49*
péi pīn zú〔陪拼族〕 **49**, *65*, *191*
piáo jì〔嫖妓〕 *199*

Q

qī guǎn yán〔妻管严〕 *64*
qī lí sàn〔七厘散〕 **64**, *65*
qī lí sàn〔妻离散〕 *64*
qián guī zé〔潜规则〕 **82**
qiǎng tān〔抢滩〕 **149**
qín liú gǎn〔禽流感〕 *202*
qīng guǐ〔轻轨〕 *179*
qíng shāng〔情商〕 *156*
qióng èr dài〔穷二代〕 *15*
quán zhí xiān shēng〔全职先生〕 **61**

R

rén cái zū lìn〔人材租赁〕 **133**
rén yāo〔人妖〕 *51*
rén zào měi nǚ〔人造美女〕 **51**

S

sān fēi wài guó rén〔「三非外国人」〕 **68**, *69*
sān gāo yī dī〔三高一低〕 **145**
sān hā nǚ〔三哈女〕 **208**
sān huà cǎo dì〔三化草地〕 **127**
sān wéi dòng huà〔三维动画〕 **110**
sān zī qǐ yè〔三资企业〕 *141*
sāng ná tiān〔桑拿天〕 **116**
sǎo huò〔扫货〕 *191*
shā chén bào〔沙尘暴〕 **117**
shān zhài〔山寨〕 **70**
shān zhài gē qǔ〔山寨歌曲〕 *70*
shān zhài shǒu jī〔山寨手机〕 *70*
shān zhài wén huà〔山寨文化〕 *70*
shé tóu〔蛇头〕 *69*
shēn ào〔申奥〕 *182*
shēn yí〔申遗〕 **181**
shēng tàn〔生探〕 **146**
shèng nán〔剩男〕 *46*
shèng nǚ〔剩女〕 **46**, *47*
shí shàng yī zú〔时尚一族〕 **163**
shì bó huì〔世博会〕 **182**
shì jiè bēi〔世界杯〕 *182*

K

kǎ lā O K〔卡拉 OK〕 *165*
kǎo wǎn zú〔考碗族〕 *48*
kěn dé jī〔肯德基〕 *194*
kěn lǎo zú〔齦老族〕 **167**
kōng zhōng jiào shì〔空中教室〕 **134**
kǒng chǒu zhèng〔恐醜症〕 **59**
kǒng hūn zú〔恐婚族〕 **60**
kǒng lóng〔恐龙〕 *166*
kù〔酷〕 **166**
kuài cān〔快餐〕 **194**

L

lā jī yóu jiàn〔垃圾邮件〕 **107**
là miàn〔辣面〕 **37**
là shē zú〔辣奢族〕 **24**
lán lǐng〔藍领〕 *25*
lán tiān jì huà〔藍天計画〕 **123**
láo dòng mó fàn〔劳动模范〕 *130*
láo tóu yù bà〔牢头狱霸〕 *73*
lǎo dì fāng〔老地方〕 *190*
lǎo gōng jì cún chù〔老公寄存处〕 **65**
léi rén〔雷人〕 **99**
léi rén fà xíng〔雷人发型〕 *99*
léi rén fā yán〔雷人发言〕 *99*
léi rén fú zhuāng〔雷人服装〕 *99*
léi rén guǎng gào〔雷人广告〕 *99*
lěng mén〔冷門〕 *205*
liǎng miǎn yī bǔ〔两免一补〕 **27**
liè tóu〔猎头〕 **150**
liú dòng rén kǒu〔流动人口〕 **18**
liú shǒu ér tóng〔留守儿童〕 *16, 17*
liú shǒu lǎo rén〔留守老人〕 *16*
liú shǒu nǚ xìng〔留守女性〕 *16*
liú shǒu rén kǒu〔留守人口〕 **16**
liú xué zhòng jiè gōng sī〔留学仲介公司〕 *135*
lóng tóu〔龙头〕 **148**
lóng tóu chǎn pǐn〔龙头产品〕 *148*
lóng tóu gǔ〔龙头股〕 *148*
lóng tóu qǐ yè〔龙头企业〕 *148*
lóu báo báo〔楼薄薄〕 *77*
lóu cuì cuì〔楼脆脆〕 *77*
lóu dǒu dǒu〔楼抖抖〕 *77*
lóu kuǎ kuǎ〔楼垮垮〕 *77*
lóu wāi wāi〔楼歪歪〕 **77**
lú shè zú〔庐舍族〕 *91*
lǜ kè〔绿客〕 *105*, **120**
lǜ sè chū xíng〔绿色出行〕 **128**
lǜ sè shí pǐn〔绿色食品〕 **118**, *120*
luǒ guān〔裸官〕 **75**
luǒ hūn〔裸婚〕 **44**
luǒ tǐ guān yuán〔裸体官员〕 *75*

M

mái dān〔埋单〕 *192*
mǎi dān〔买单〕 **192**
mǎi guān〔买官〕 **74**, *76*
mài bà〔麦霸〕 **165**
mài dān láo〔麦丹劳〕 *194*
mài guān〔卖官〕 *74, 76*

guò diàn〔过电〕 **204**
guò láo mó〔过劳模〕 **130**

H

hā bèi mǎ sī〔哈贝马斯〕 *208*
hā gēn dá sī〔哈根达斯〕 *194, 208*
hā hán zú〔哈韩族〕 *164*
hā lì bō dé〔哈利波得〕 *208*
hā rì zú〔哈日族〕 **164**
hǎi bǎo〔海宝〕 *182*
hǎi guī pài〔海归派〕 **136**, *144*
hǎi guī pài〔海龟派〕 *136*
háng huò〔行货〕 *88*
hé xié hào〔和谐号〕 **178**, *179*
hé xié shè huì〔和谐社会〕 *178*
hé zū zú〔合祖族〕 **33**
hè suì piàn〔贺岁片〕 **198**
hēi kè〔黑客〕 *105*
hēi mǎ〔黑马〕 **205**
hēi qián〔黑钱〕 *81*
hēi sè jīng jì〔黑色经济〕 **81**, *205*
hēi sè shí pǐn〔黑色食品〕 *118*
hēi sè shōu rù〔黑色收入〕 *139*
hēi shào〔黑哨〕 **87**
hēi shè huì〔黑社会〕 *205*
hēi zhòng jiè gōng sī〔黑仲介公司〕 *135*
hóng kè〔红客〕 **105**
hóng sè zī yuán〔红色资源〕 **180**
hóng shào〔红哨〕 *87*
hóng yǎn háng bān〔红眼航班〕 **131**
huā huā gōng zǐ〔花花公子〕 *53*
huā xīn〔花心〕 **53**
huān lè gǔ〔欢乐谷〕 *183*
huáng hūn liàn〔黄昏恋〕 **54**
huáng jīn zhōu〔黄金周〕 *184*
huī lǐng〔灰领〕 **25**
huī sè jīng jì〔灰色经济〕 *138*
huī sè shōu rù〔灰色收入〕 **139**
hūn huó〔婚活〕 *46*, **47**, *58, 95, 198*
hūn huó zú〔婚活族〕 *47*

J

jī jīn〔基金〕 *153*
jī mín〔基民〕 **153**
jí jià zú〔急嫁族〕 **58**
jì nǚ〔妓女〕 *199*
jiā diàn xià xiāng〔家电下乡〕 **20**, *112*
jiā jiào〔家教〕 *155*
jiā tíng fù nǚ〔家庭妇女〕 *61*
jiā tíng zhǔ fū〔家庭主夫〕 *161*
jiǎ xíng liú gǎn〔甲型流感〕 **202**
jià wǎn zú〔嫁碗族〕 **48**
jié néng zhù zhái〔节能住宅〕 **125**
jié zhàng〔结帐〕 *192*
jīng hù gāo tiě〔京沪高铁〕 *179*
jīng yīng〔精英〕 *22*
jiǔ bā〔酒吧〕 *193*
jiǔ diǎn xiàn xiàng〔九点现象〕 **140**
jiù shì〔救市〕 **154**
jué sè bàn yǎn〔角色扮演〕 **162**

chǎo jīn〔炒金〕 *32*
chǎo míng xīng〔炒明星〕 *32*
chǎo xīn wén〔炒新闻〕 *32*
chǎo yóu yú〔炒鱿鱼〕 *38*
chǎo zuò〔炒作〕 **201**
chǒng wù〔宠物〕 *207*
chū jìng yóu〔出境游〕 **176**
cí shàn lā jī〔慈善垃圾〕 **122**

D

dǎ bāo〔打包〕 **196**
dà lěng mén〔大冷门〕 *205*
dà piàn〔大片〕 *198*
dà zī〔大资〕 *208*
dān xiàng shōu fèi〔单向收费〕 *113*
dào bǎn〔盗版〕 *70*
děng lí zǐ diàn shì〔等离子电视〕 **112**
dī bǎo〔低保〕 **23**
dī tàn jīng jì〔低炭经济〕 *126*
dī tàn jì shù〔低炭技术〕 *126*
dī tàn shēng huó〔低炭生活〕 **126**
dī tàn zhì pǐn〔低炭制品〕 *126*
dì sān dì〔第三地〕 **190**
dì sān zhuàng tài〔第三状態〕 *203*
dì xià jīng jì〔地下经济〕 *81*
diàn huāng〔电荒〕 **137**
diàn jù〔电拒〕 **36**, *37*
diàn jù〔电钜〕 *36*
diàn yóu〔电邮〕 *101*
diàn zǐ xìn hán〔电子信函〕 *101*
diàn zǐ xìn jiàn〔电子信件〕 *101*
diàn zǐ yuè bǐng〔电子月饼〕 *103*
diào yú zhí fǎ〔钓鱼执法〕 **72**
dīng chǒng jiā tíng〔丁宠家庭〕 **207**
dīng kè zú〔丁克族〕 *207*
dòng màn〔动漫〕 **169**
dòu fu zhā gōng chéng〔豆腐渣工程〕 *77*
duǒ māo māo〔躲猫猫〕 **73**

F

fǎn pú zú〔返璞族〕 **124**
fàn jú〔饭局〕 **84**
fàn wǎn〔饭碗〕 *48*
fáng nú〔房奴〕 **30**, *31*
fēi diǎn〔非典〕 *202*
fēi fǎ tóng jū〔非法同居〕 *57*
fěn sī〔粉丝〕 **172**
fú cí〔浮磁〕 *179*
fù èr dài〔富二代〕 **14**, *15*
fù wēng〔负翁〕 **21**
fù wēng〔富翁〕 *21*
fù yī dài〔富一代〕 *14*

G

gān wù nǚ〔干物女〕 **209**
gāng sī〔钢丝〕 *172*
gāo qīng pín dào〔高清频道〕 **108**
gǔ gàn〔骨干〕 *22*
gǔ mín〔股民〕 *153*
gǔ piào〔股票〕 *153, 155*
gǔ piào jiā jiào〔股票家教〕 **155**
guāng gùn jié〔光棍节〕 **50**

索　引（中国語読み）

本書にあらわれる中国語をアルファベット順に配列する。見出し語として掲載されているページ数は、立体太字であらわした。そのほかはイタリック体であらわした。

A

ài qíng yùn dòng huì〔爱情运动会〕 *50*
ài qíng zài xiàn〔爱情在线〕 *96*
ài qíng zhàng hù〔爱情帐户〕 **55**
áo diǎn〔熬点〕 **195**
ào yùn〔奥运〕 *182*

B

bā guà xīn wén〔八卦新闻〕 **200**
bā shí hòu〔80 后〕 *14, 62*
bái gǔ jīng〔白骨精〕 **22**
bái lǐng〔白领〕 *22, 25*
bái nú〔白奴〕 *21*
bái sè shōu rù〔白色收入〕 *139*
bái sè wū rǎn〔白色污染〕 *83,* **119,** *196*
bài jiā zǐ〔败家子〕 *167*
bàn luǒ hūn〔半裸婚〕 *45*
bàn táng fū qī〔半糖夫妻〕 **63**
bàng dà guān〔傍大官〕 *173*
bàng dà kuǎn〔傍大款〕 **173**
bàng lǎo wài〔傍老外〕 *173*
bàng míng rén〔傍名人〕 *173*
bàng míng pái〔傍名牌〕 **71**
běi dà huāng〔北大荒〕 **52**
běi piāo yī zú〔北漂一族〕 *34,* **35**
bì shèng kè〔必胜客〕 *194*
bó kè〔博客〕 *104*

C

cái shāng〔财商〕 **156**
cái yuán〔裁员〕 **38**
cǎi líng〔彩铃〕 **109**
cǎi líng rén〔彩铃人〕 *109*
cǎi xìn〔彩信〕 *111*
chā duì〔插队〕 *188*
cháng zhù rén kǒu〔常住人口〕 *18*
chāo nǚ〔超女〕 **171**
chāo qián xiāo fèi〔超前消费〕 **147**
cháo niǎo〔巢鸟〕 *166*
cháo rén〔潮人〕 **168**
cháo rén fà xíng〔潮人发型〕 *168*
cháo rén fú shì〔潮人服饰〕 *168*
cháo yǔ〔潮语〕 *168*
chǎo fáng〔炒房〕 **32**
chǎo gǔ〔炒股〕 *32*
chǎo jī〔炒基〕 *153*
chǎo jī jīn〔炒基金〕 *32*

著者プロフィール

郭 雅坤（かく　がこん）

1944年遼寧省生まれ。北京・外文出版社で訳書『鄧小平文選』『中国通史』などに参与するかたわら、中国でも人気となったアニメ『鉄腕アトム』の中国語訳を担当した。その後来日し、東京外国語大学での研究や、中国情報専門紙（日本語）の編集に携わる。おもな著書に、訳書『豊臣秀吉』（台湾遠流出版社）、共編著『中日分類詞典』（外文出版社）、『旅の指差し会話帳 JAPAN・中国語（北京語）版』、『暮らしの日本語指さし会話帳（中国語版）』（情報センター出版局）、『すぐ使える！短い中国語表現1300』（実務教育出版）などがある。現在、北京在住。

内海 達志（うつみ　たつし）

1968年、札幌市出身。地元出版社勤務を経たのち、東京の中国語学校で２年間学び、その後、湖南省長沙市へ。湖南師範大学で留学生活を送るかたわら、知人が経営する日本語学校で講師を務めた。中国渡航歴は40回以上。フリーライター、フリー編集者、中国語翻訳者として、おもに中国の社会・文化をテーマに活動している。

中国「新語・流行語」小辞典
——読んでわかる超大国の人と社会

2010年11月30日　初版第1刷発行

著者　郭　雅坤
内海達志
発行者　石井昭男
発行所　株式会社　明石書店
〒101-0021　東京都千代田区外神田6-9-5
電話03（5818）1171
FAX 03（5818）1174
振替　00100-7-24505
http://www.akashi.co.jp
組版　明石書店デザイン室
装丁　青山　鮎
印刷　株式会社文化カラー印刷
製本　協栄製本株式会社

（定価はカバーに表示してあります）　ISBN978-4-7503-3313-7